QUANDO
AS COISAS
NÃO SAEM
COMO VOCÊ
ESPERA

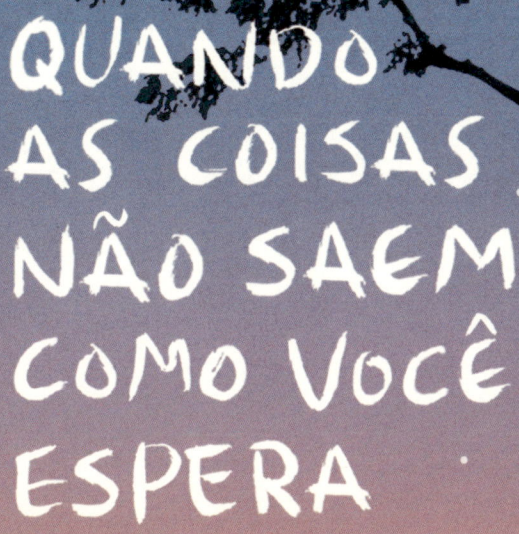

QUANDO AS COISAS NÃO SAEM COMO VOCÊ ESPERA

HAEMIN SUNIM

Título original: *When Things Don't Go Your Way – Zen Wisdom for Difficult Times*

Copyright © 2024 por Haemin Sunim
Copyright das ilustrações © 2024 por Kush Graphic
Copyright da tradução © 2024 por GMT Editores Ltda.

Publicado mediante acordo com Penguin Life, um selo do Penguin Publishing Group, uma divisão da Penguin Random House LLC.

Todos os direitos reservados. Nenhuma parte deste livro pode ser utilizada ou reproduzida sob quaisquer meios existentes sem autorização por escrito dos editores.

coordenação editorial: Juliana Souza
tradução: Rafaella Lemos
preparo de originais: André Marinho
revisão: Ana Sarah Maciel e Tereza da Rocha
diagramação: Gustavo Cardozo
capa: Josie Staveley Taylor
adaptação de capa: Ana Paula Daudt Brandão
impressão e acabamento: Ipsis Gráfica e Editora

CIP-BRASIL. CATALOGAÇÃO NA PUBLICAÇÃO
SINDICATO NACIONAL DOS EDITORES DE LIVROS, RJ

S955q   Sunim, Haemin
         Quando as coisas não saem como você espera / Haemin Sunim ; [tradução Rafaella Lemos]. - 1. ed. - Rio de Janeiro : Sextante, 2024.
         304 p. : il. ; 18 cm.

         Tradução de: When things don't go your way
         ISBN 978-65-5564-824-9

         1. Resiliência (Traço de personalidade) - Aspectos religiosos - Budismo. 2. Vida espiritual – Zen Budismo. 3. Zen Budismo – Doutrinas. I. Lemos, Rafaella. II. Título.

24-87902   CDD: 158.1
                                                           CDU: 159.923

Gabriela Faray Ferreira Lopes - Bibliotecária - CRB-7/6643

Todos os direitos reservados, no Brasil, por
GMT Editores Ltda.
Rua Voluntários da Pátria, 45 – 14º andar – Botafogo
22270-000 – Rio de Janeiro – RJ
Tel.: (21) 2538-4100
E-mail: atendimento@sextante.com.br
www.sextante.com.br

Sumário

INTRODUÇÃO
11

CAPÍTULO 1
Quando as coisas não saem como você espera
Tudo bem não estar bem
16

Por que estamos infelizes?
35

Como você se sente em relação ao Universo?
57

CAPÍTULO 2
Quando você está de coração partido
Rejeite-me com jeitinho
66

Os dias da primavera acabaram
89

Minha inveja, meu sofrimento
110

CAPÍTULO 3
Quando nos sentimos esgotados e desanimados
Pequenas felicidades certeiras
118

Onde é seu refúgio?
139

Encontrando a paz numa mente inquieta
157

CAPÍTULO 4
Quando a solidão nos visita
Por que estamos solitários?
164

A nova era de estar "sozinhos juntos"
186

A solidão como ela é
202

CAPÍTULO 5
Quando enfrentamos a incerteza

A coragem de dizer "Não consigo"
208

Os dois eus dentro de mim
228

Primeiro escute a dor dentro de você
248

CAPÍTULO 6
Quando a iluminação ainda não veio

Maneiras de viver em harmonia
256

Descobrindo seu verdadeiro eu
277

O conto da longa jornada do Redondinho
293

BIBLIOGRAFIA
301

INTRODUÇÃO

Um homem solitário de meia-idade morava sozinho num pequeno vilarejo. Um dia alguém bateu à sua porta, e ele encontrou na entrada uma senhora de elegância impressionante, com roupas celestiais e joias deslumbrantes. Encantado com sua beleza e seu delicioso perfume, o homem gentilmente perguntou quem ela era. Ela respondeu: "Sou a Deusa da Agradável Virtude. Venho para lhe conceder grande prosperidade, sucesso e amor." Tomado de alegria ao ouvir essas palavras, o homem imediatamente a convidou a entrar e preparou um banquete em sua homenagem.

Pouco tempo depois, o homem ouviu outra vez alguém batendo à sua porta. Ao atender, encontrou na entrada uma mulher com roupas esfarrapadas e um odor terrível. O homem lhe perguntou o que ela estava fazendo ali, ao que ela respondeu: "Sou a Deusa das Desagradáveis

Trevas. Venho trazer pobreza, fracasso e solidão à sua vida." Amedrontado ao ouvir essas palavras, o homem lhe pediu que fosse embora imediatamente. Ela respondeu: "Sempre vou aonde minha irmã gêmea vai. Se quiser que minha irmã fique, precisa me convidar a entrar também." Quando ele perguntou à Deusa da Agradável Virtude se isso era verdade, ela assentiu e lhe disse: "Somos um par. Você não pode aceitar uma sem aceitar a outra."

Essa história, retirada do Nirvana Sutra, ilustra como a boa sorte costuma levar a decepções e dificuldades imprevistas. Embora desejemos ter apenas experiências positivas na vida, inevitavelmente também passaremos por momentos difíceis. Esses desafios, no entanto, cumprem um propósito: servem como valiosas oportunidades de autodescoberta que podem levar à maturidade emocional e ao crescimento espiritual. O ganho de maturidade e crescimento costuma ser proporcional à severidade da situação que enfrentamos. Aprendemos a ser pacientes, corajosos, compassivos e verdadeiros por meio da dor que atravessamos.

Este livro foi inspirado em minha jornada pessoal, nos vários desafios e dificuldades que enfrentei e que me levaram a uma reflexão e uma apreciação profundas da minha vida, tanto como monge zen-budista quanto como ser humano. Cada um dos seis capítulos traz um momento de dificuldade emocional e consiste em três ensaios de cunho pessoal repletos de conselhos. Junto a esses ensaios você encontrará algumas estrofes reveladoras que capturam meus momentos de insight ou minhas experiências de sofrimento. Espero que essas reflexões tragam conforto, esperança e incentivo àqueles que estão passando por situações difíceis. Que a sua jornada seja abençoada com amor, bondade e muitos momentos de iluminação!

CAPÍTULO 1

Quando as coisas não saem como você espera

Tudo bem não estar bem

Você consegue lidar com emoções difíceis? Em vez de tentar escapar logo delas, é capaz de permitir que elas permaneçam com você e observar como se desenrolam na sua mente?

Sei que isso vai contra nosso instinto de evitar sentimentos desconfortáveis a qualquer custo. Mas, por um minuto ou dois, quero que você tente ir contra seus instintos e deixe que esses sentimentos difíceis fluam pela sua mente. Por exemplo, tenha curiosidade sobre o que aconteceria se você permitisse que a decepção, a tristeza ou a mágoa se demorassem. E se, em vez de julgar a si mesmo por ter esses sentimentos ou tentar se distrair vendo um programa de TV ou navegando na internet, você os encarasse diretamente e observasse essas sensações desagradáveis sem preconceito nem resistência?

Por muito tempo, a emoção mais difícil para mim foi o medo do abandono. Sempre que alguém cancelava um jantar em cima da hora e eu tinha que ficar inesperadamente sozinho naquela noite, ou quando eu não recebia alguma resposta dentro de 24 horas depois de enviar uma mensagem a um amigo, o medo do abandono se manifestava em mim. Eu sentia a dor da solidão e da ansiedade como se tivesse sido deixado num descampado e tivesse que me virar para sobreviver. Com frequência eu pensava nas piores hipóteses possíveis, inclusive que as pessoas me deixariam sem nem ao menos avisar. Quando isso acontecia, eu também sentia um vazio existencial sombrio prestes a me engolir. Então buscava um jeito de evitar esses sentimentos incômodos ao mesmo tempo que procurava desesperadamente alguma segurança e alguma conexão.

Sinto-me um tanto vulnerável ao revelar esse fato, porque sou um homem de meia-idade que por acaso também é um mestre zen-budista. Mas, assim como aconteceu com muitos mestres espirituais no passado, minha jornada começou por causa de sofrimentos psicológicos bastante pessoais. Mesmo depois de ficar sentado na almofada de meditação ao longo de vários anos, a razão desse medo do abandono ainda era um mistério para mim, afinal eu fui criado por pais amorosos que realmente gostam um do outro. E após o sucesso dos meus livros e meu reconhecimento na Coreia do Sul, meu medo do abandono infelizmente só cresceu. Eu temia que as pessoas um dia fossem me virar as costas de vez por causa de algo que eu tivesse dito ou feito.

E então, para minha surpresa, isso realmente aconteceu. No inverno de 2020, concordei em participar de um programa na TV coreana que documentava o cotidiano de pessoas conhecidas. Como sempre, comecei meu dia com uma meditação e uma prece matinal na pequena casa em que eu morava havia cinco anos com meus pais idosos. Eu a tinha comprado com os royalties dos meus livros e posteriormente transferi a propriedade para minha ordem budista. Depois que o programa foi ao ar, no entanto, um pequeno grupo me criticou por não praticar o ideal monástico da "não possessão", sem entender a verdadeira realidade dos monges na Coreia: não recebemos pensão nem temos moradia garantida. A maioria de nós precisa se virar para sobreviver.

Algumas pessoas começaram a espalhar boatos na internet, dizendo que essa casa era luxuosa e que eu possuía uma Ferrari. Isso me deixou frustrado, porque a residência era sem dúvida modesta, e eu nem sequer tenho carteira de motorista na Coreia. Para piorar, um monge veterano que também é um autor muito conhecido no país fez uma série de duras postagens no Facebook me criticando, dizendo que eu era um "parasita" e um "palhaço" sem nenhum conhecimento do que é o "verdadeiro" budismo. Ao longo de muitos dias, os maiores veículos de notícias da Coreia colocaram esses posts nas manchetes principais, ansiosos para que eu discutisse com ele em público e gerasse ainda mais material para sua cobertura sensacionalista. Como não reagi, inúmeras outras pessoas foram para a internet me condenar da mesma forma que o monge veterano.

A vida já me dera muitos limões. Mas, dessa vez, eram limões de mais para se fazer uma limonada. Fiquei em choque, arrasado e profundamente magoado. Meu pior pesadelo estava se tornando realidade. Eu me senti traído por meu irmão de monastério e abandonado por aqueles que um dia gostaram do meu trabalho. Ironicamente, eu, o fundador da Escola dos Corações Partidos, estava precisando urgentemente de cura.

QUANDO EU ERA novo na prática espiritual, fui ingênuo o suficiente para acreditar que aquele era um caminho de perfeição moral no qual os praticantes eliminariam todas as emoções negativas, como a raiva, o ódio, o medo e o apego. Por isso passei a reprimir esses sentimentos de forma inconsciente, fingindo que os havia transcendido. No entanto, à medida que fui progredindo na minha jornada espiritual, descobri um caminho mais maduro que envolve aceitar todos os aspectos de mim mesmo, inclusive os que parecem ser sombrios e negativos. Eu estava errado em supor que poderia alcançar a iluminação espiritual negligenciando questões emocionais e feridas traumáticas mal resolvidas. Descobri que essas questões e feridas guardam lições espirituais que precisamos aprender para alcançar o despertar profundo.

Muitos amigos próximos e familiares me perguntaram como eu estava durante esses dias horríveis. No início, eu respondia que me sentia melhor do que esperava, mas não era verdade. Eu estava entorpecido e perdido pela primeira vez na vida. Esse período foi o verdadeiro teste da minha prática espiritual.

Então, em vez de me forçar a me sentir melhor, decidi me dar permissão para não estar bem. Pedi a mim mesmo que eu abraçasse esses sentimentos difíceis e visse o momento presente exatamente como ele era. Eu me permiti sentir que estava ali de verdade, e não tentando mudar as coisas ou fugir.

Quando dei espaço a essas emoções cruas, logo pude notar a energia da fúria no meu corpo. Era como um fogo intenso, principalmente ao redor do meu peito e do pescoço. Gritei no meu quarto e expressei essa fúria escrevendo num diário, praticando dança terapêutica, fazendo montanhismo e conversando com amigos de confiança. Após honrar minha raiva por um ou dois meses, me permiti viver o luto e sentir uma tristeza profunda, respeitando aquela parte de mim que parecia ter acabado de morrer. Deixei que todas aquelas emoções que eu havia guardado dentro de mim se derramassem numa torrente de lágrimas. E enfim, depois de passar por períodos de fúria, solidão e lágrimas, me peguei confrontando a raiz das minhas emoções: o medo.

Em meu diário, perguntei ao meu medo o que eu temia. De início, ele respondeu: "Tenho medo de não ser capaz de cuidar das pessoas que dependem de mim, como meus pais idosos, meu afilhado, meus assistentes, os membros da minha equipe e suas famílias." Em seguida perguntei outra vez de que eu realmente tinha medo. Após um momento de silêncio, uma memória da infância de súbito invadiu minha mente enquanto eu escrevia.

Eu era um garotinho procurando minha mãe desesperadamente num mercado a céu aberto. Eu estava dominado pelo pânico, apavorado. Vários adultos se aproximaram de mim ao me ver chorar e me perguntaram: "Cadê sua mãe? Você se perdeu?" Então uma senhora esquisita me pegou pela mão e disse que me levaria até a minha mãe. Relutante, fui com ela. Quando chegamos à casa dela vi apenas um homem de aparência assustadora, não minha mãe. Sentindo que havia algo errado ali, escapei por uma porta aberta e corri o mais rápido que pude de volta ao mercado. Depois de vagar desvairado pelo mercado por algum tempo, enfim avistei minha mãe, procurando desesperadamente por mim.

Finalmente entendi por que eu tinha esse medo do abandono. A raiz dele estava num trauma de infância que eu havia reprimido. Por muito tempo, eu ignorara essa criança interior amedrontada, separada de sua fonte de amor, afeto e segurança. O vazio sombrio que eu sentia representava o mundo assustador em que aquele garotinho se encontrava sem a mãe. Entendi por que eu precisara passar pelo meu pior pesadelo. Isso tudo fazia parte da minha jornada para encontrar aquele garotinho e integrar aquela parte de mim que, até então, havia sido apavorante demais para que eu tomasse consciência dela. Respirei fundo e falei com o garotinho: "Eu vejo você agora. Sempre vou ficar aqui, ao seu lado, com você, e nunca, jamais vou abandoná-lo. Eu o aceito como você é e o amo com todo o meu coração."

As coisas não costumam acontecer como a gente espera. Quando nos deparamos com resultados desfavoráveis, em geral experimentamos emoções difíceis. Se isso está acontecendo com você neste momento, não importa quanto as circunstâncias sejam esmagadoras e apavorantes, quero que você saiba que é capaz de sobreviver à tempestade. Você é mais forte do que imagina e mais sábio do que acredita ser.

Quando a tempestade passar e vier a calmaria – e ela com certeza virá –, não se apresse em dar a volta por cima imediatamente e voltar ao ponto em que estava antes. Passe algum tempo com seus sentimentos difíceis. Ao abrir espaço para as suas emoções, você será capaz de processá-las com facilidade e fazer a si mesmo perguntas importantes, como "O que estou sentindo agora?", "O que as minhas emoções estão tentando me dizer?" e "O que aprendi com essa experiência?". Quando fazemos questionamentos desse tipo com curiosidade e sem julgamento, descobrimos verdades mais profundas sobre nós mesmos.

Esse processo ajudará você a permanecer sereno e a responder com sabedoria às situações em vez de reagir por impulso. Pela forma como respondemos a um contratempo, temos a oportunidade de redefinir quem realmente somos. Lembre que as melhores histórias não são aquelas em que tudo acontece tranquilamente, como era esperado, mas as que falam sobre a superação de obstáculos e a volta por cima após um fracasso.

Ainda não terminamos de escrever o livro da nossa vida. Que possamos escrever as histórias mais significativas sem nenhum arrependimento.

✻

A maior glória da vida não está
em nunca fracassar,
mas em se levantar toda vez que cair.
– NELSON MANDELA

✻

Dê boas-vindas à sua dor,
pois ela o fará ver a verdade.
Abrace seu fracasso,
pois ele será um catalisador para o crescimento.
Ame seu caos interior,
pois ele enfim o levará à descoberta de si mesmo.

✻

A dor ensina,
o prazer não.

✻

Sei que você se sente muito sozinho e perdido agora.
Mas, mesmo nos momentos mais sombrios,
o amor está aí para guiá-lo.
Nunca vou desistir de você.

✻

Assim como as trevas nos deixam ver as estrelas,
você verá quem são seus verdadeiros amigos
nos momentos mais sombrios da sua vida.

✻

Quando você cair num lugar escuro,
antes de levantar espere um momento para
seus olhos se ajustarem.
Da mesma forma, se a vida o derrubar,
processe suas emoções sem pressa e espere até que
um caminho se torne visível para você.

✻

Processar as emoções significa compreender
seus sentimentos
reconhecendo a presença deles e
entendendo suas causas.
Como resultado, você encontra maneiras
saudáveis de encará-las
e não se deixa controlar inconscientemente por elas.

✻

Fazemos as pazes com as coisas
que conseguimos entender.

✸

Não se ofenda com facilidade,
pois o que os outros dizem em geral é
um reflexo dos sentimentos e
experiências limitados deles,
não uma avaliação objetiva de quem você é.

✸

Quando julga o outro,
você não o define.
Você define a si mesmo.
– Dr. Wayne W. Dyer

✸

Ao desenvolver o hábito de falar
dos problemas dos outros,
você fica preso nessa frequência vibracional e
atrai esses problemas para a própria vida.

✸

Alguns podem considerar sua vulnerabilidade corajosa,
enquanto outros podem vê-la como emotiva em excesso.
Alguns podem achar sua assertividade carismática,
enquanto outros podem vê-la como egoísta e autoritária.
Alguns podem ver sua personalidade
animada como algo interessante,
enquanto outros podem vê-la como irritante e suspeita.
Nunca esqueça que não faz sentido
tentar agradar todo mundo.

*

O único jeito de evitar críticas é
não fazer nada, não dizer nada e não ser nada.
– Elbert Hubbard

*

Tudo bem se alguém não gostar de você,
porque, não importa o que você faça,
sempre haverá quem o desaprove.
Então, em vez de se preocupar com crítica e rejeições,
faça escolhas com base nos seus
valores e suas necessidades
e sempre viva a vida de forma autêntica.

Não busque a validação dos outros.
Em vez disso, embarque numa jornada
de autodescoberta
e encontre validação em si mesmo.
Reflita sobre suas conquistas e seus
pontos fortes,
aprecie sua bondade e sua criatividade, e
entenda seus verdadeiros valores
e necessidades.
Desenvolva um senso de valor próprio
independente das opiniões dos outros.

❋

Eu gosto de mim mesmo,
deste ser afável e carinhoso aqui dentro,
sempre atento ao bem-estar dos outros,
desejando que sejam amados e protegidos.

❋

Aqui está um caminho certo para odiar a si mesmo:
fingir ser alguém que você não é
para ganhar validação dos outros,
ignorando suas necessidades e vontades.

❋

Se você tem um estilo de apego ansioso
e tendência a colocar as necessidades
dos outros antes das suas,
em nome do seu bem-estar
não apenas pense sobre o que você precisa,
mas comunique aos outros suas necessidades.

❋

A pessoa não se ilumina
imaginando figuras de luz,
mas tornando a sombra consciente.
– Carl G. Jung

❊

Os defeitos que você vive vendo nos outros
na verdade são seus conflitos internos e
suas características indesejadas
existindo na sombra do seu inconsciente.
A menos que jogue luz sobre eles e
os aceite como parte de você,
as pessoas irritantes não vão sumir da sua vida.

❊

Será que você é capaz de me amar por inteiro,
não apenas a parte que o faz sorrir,
mas também a que tenho medo de mostrar?

❊

Se o maior objetivo da prática espiritual é
a paz incondicional, então o caminho não é
a autoperfeição,
mas a aceitação de si mesmo.

Ao aceitar as coisas como elas são,
a resistência cede e a paz emerge.
Nessa experiência, não há
um "eu" separado
que fica de fora e experimenta a paz.
O "eu" nunca é necessário na paz.
Na paz, o "eu" desaparece.

✻

Imóvel por dentro, imóvel por fora.
Uma imobilidade única
permeia o Universo.

✻

Iluminação significa
o grau mais profundo de intimidade com o mundo,
em que o indivíduo não está mais separado dele.

✻

Desde que aprendi a ficar em silêncio,
tudo se aproximou muito de mim.
– RAINER MARIA RILKE

Por que estamos infelizes?

A RESPOSTA É BEM SIMPLES. Estamos infelizes porque não conseguimos estar em paz com o fato de as coisas serem como são. Desejamos que elas sejam diferentes. Por exemplo, quando vemos algo atraente ou agradável, nossa mente não consegue permanecer calma. Ela é atraída em direção ao objeto, quer ficar perto dele e deseja se envolver com ele. Se possível, queremos possuí-lo completamente e usá-lo como bem entendermos. O Buda descreveu esse tipo de busca mental como "agarrar-se". Quando nossa mente está agarrada a alguma coisa, não ficamos satisfeitos até que o objeto esteja sob nosso controle. Ao se sentir incompleta, a mente fica inquieta e insatisfeita.

Por outro lado, quando consideramos algo desagradável ou incômodo, nossa mente quer fugir e evitar ao máximo o contato com esse objeto. Se o contato for inevitável, tentamos fazer com que seja o mais breve possível. Diferente de quando se agarra, a mente nesse estado está "resistindo". Quanto mais resistimos, mais intolerável a situação se torna. Ficamos cada vez mais ansiosos e até zangados por não podermos nos afastar. Os psicólogos modernos chamam essa resistência mental de "estresse". Quando ficamos estressados, quase sempre é porque estamos resistindo a alguma coisa – seja uma pessoa, um objeto ou uma situação.

Não estou sugerindo que você não deva resistir às coisas que lhe fazem mal. Estou apenas apontando que talvez a causa da sua infelicidade e do seu estresse não seja a pessoa, o objeto ou a situação em si. Se a característica desagradável fosse intrínseca à pessoa, por exemplo, ela seria considerada desagradável por todo mundo, não apenas por você. No entanto, a opinião sobre alguém ser agradável ou não varia muito de indivíduo para indivíduo. Eu posso achar irritante alguém que meu amigo considere encantador.

Então qual é a causa real de nossa frequente infelicidade? O verdadeiro culpado, na minha opinião, é a constante atividade mental voltada aos objetos. Enquanto permanecer indo e vindo, agarrando-se ao que você não tem e resistindo ao que tem, a mente vai continuar num estado permanente de luta e agitação. Ela vai – sutilmente ou não – considerar a situação insatisfatória e problemática. Uma mente assim em geral vive tensa e lhe faltam abertura, aceitação e autoconsciência. Se não se voltar para dentro nem tomar consciência de sua tendência natural a se afastar de determinada situação, ela vai continuar pulando de um objeto a outro, sempre culpando fatores externos por seu desconforto. Uma mente assim também exige que uma pessoa, um objeto ou uma situação mudem de acordo com suas preferências, já que, segundo ela, essa mudança desejada não só é uma alternativa melhor e mais sensata como também é o certo a fazer.

É importante dizer que não estou tentando justificar o mau comportamento das pessoas, como se nossa infelicidade fosse culpa nossa. Meu argumento é que a mente é um agente intermediário que interpreta como nos sentimos em relação ao que está acontecendo no mundo à nossa volta. Uma experiência bruta não é inerentemente boa ou má em si. Ela apenas é. Ainda assim, nossa mente é rápida em julgá-la e interpretá-la como agradável ou desagradável. Não surpreende que uma mesma experiência possa ser interpretada de um jeito bem diferente dependendo da pessoa, uma vez que cada indivíduo foi condicionado de maneira única por tudo que já viveu no passado.

Se esse é mesmo o caso, o que podemos fazer para deixar nossa mente satisfeita e em paz, não mais agarrando-se e resistindo sem parar? Existe alguma prática que nos ajude a regular nossas emoções e encontrar equanimidade e aceitação?

A prática mais conhecida para combater a tendência da mente a divagar é a gratidão. Quando nos sentimos gratos, normalmente não pensamos no que não temos nem no que poderíamos ter. Isso diminui a tendência da mente a se agarrar ao desejo por outra coisa. Ao mesmo tempo, uma mente agradecida é aberta e receptiva, o que também diminui a tendência a resistir por meio da aversão ao que está aqui. À medida que ficamos alegres em relação ao que aconteceu no passado e gratos pelo que já temos agora, nossa mente vai se tornando calma e tranquila, ao contrário da mente resistente, que está sempre repleta de pensamentos críticos, reclamações e discussões. Quando nosso coração está tomado de gratidão, não há espaço para pensamentos negativos.

Ao praticar a gratidão, podemos reconhecer não apenas aquilo pelo que somos suficientemente afortunados – saúde, um emprego, uma casa, roupas, um bom clima, etc. – como também tudo que os outros nos ofereceram para que pudéssemos ter uma vida boa. Por exemplo, podemos ser gratos pelo apoio contínuo de nosso pai ou nossa mãe, pelo incrível senso de humor de um amigo ou por um abraço afetuoso do nosso cônjuge. Também podemos dizer "obrigado" a nós mesmos por não termos desistido depois de múltiplas rejeições, por termos dado a volta por cima depois de um coração partido. Quanto mais praticamos a gratidão, mais passamos a apreciar e agradecer tudo que temos.

Para praticar a gratidão, procure de três a cinco coisas por dia pelas quais se sente grato e mande uma mensagem para si mesmo ou para algum "companheiro da gratidão" – alguém disposto a trocar com você experiências desse tipo. Outra ideia é escolher um seixo bem lindo e colocá-lo num local visível na sua casa. Então, toda vez que passar por ele e olhá-lo, procure em sua mente alguma coisa pela qual você se sente agradecido naquele momento. Você também pode tirar uma foto toda vez que se sentir grato e compartilhá-la com amigos e familiares. Ou pode adotar o hábito de dizer, mentalmente ou em voz alta, um "obrigado" bem sincero às pessoas que o atendem no restaurante, no supermercado, na lanchonete, no posto de gasolina, no ônibus ou no trem.

Outra maneira de combater a tendência da mente à inquietação é receber sinceramente e de bom grado as experiências infelizes. Como nosso bem-estar emocional é determinado não tanto pela situação atual, mas principalmente pela nossa resposta a ela, podemos reduzir o sofrimento ao substituir de forma intencional nosso impulso a resistir por uma atitude de receptividade. Em vez de achar que situações incômodas não deveriam existir, como se fossem anomalias, deveríamos encará-las como parte normal do dia a dia. Em vez de rezar para que circunstâncias difíceis nunca apareçam, deveríamos não apenas esperá-las mas recebê-las de braços abertos. Desse modo, quando elas surgirem, não ficaremos surpresos nem aborrecidos, porque saberemos que elas são e sempre serão parte da nossa vida.

Como prática formal, ao escovar os dentes ou lavar o rosto de manhã, você pode passar um minuto dizendo à sua mente: "Pode vir, desconforto! Vou aceitá-lo de bom grado." Quando prepara sua mente desde cedo para esperar alguma situação incômoda e estabelece com clareza sua intenção de aceitá-la, você fica pronto para quando realmente encontrá-la. E é claro que, se essa situação incômoda representar algum risco de vida, o melhor a fazer é sair dela o mais rápido possível. Mas se esse não for o caso e a circunstância for apenas inevitável, você pode tomar consciência da sua inclinação a resistir e adotar uma atitude receptiva, repetindo esta afirmação: "Pode vir, desconforto! Vou aceitá-lo de bom grado." E então, quando o desconforto aparecer, conte "três, dois, um" e vá bem na direção dele, sem hesitar.

Também podemos ter uma maior aceitação da infelicidade lembrando a nós mesmos que o Universo quer que cresçamos a partir da dor que essas experiências nos provocam. Quando todas as situações são agradáveis e aprazíveis, não temos motivo nenhum para crescer e nos tornar versões mais maduras de nós mesmos. Só começamos a aprender e nos expandir em termos intelectuais, emocionais e espirituais quando saímos da zona de conforto e nos encontramos diante do que é desconhecido e desconfortável. De acordo com Rumi, o poeta persa do século XIII: "A ferida é o lugar por onde a luz entra em você." Em vez de dar as costas às nossas feridas, deveríamos examiná-las bem e descobrir nelas a luz oculta da gratidão, da aceitação e da sabedoria.

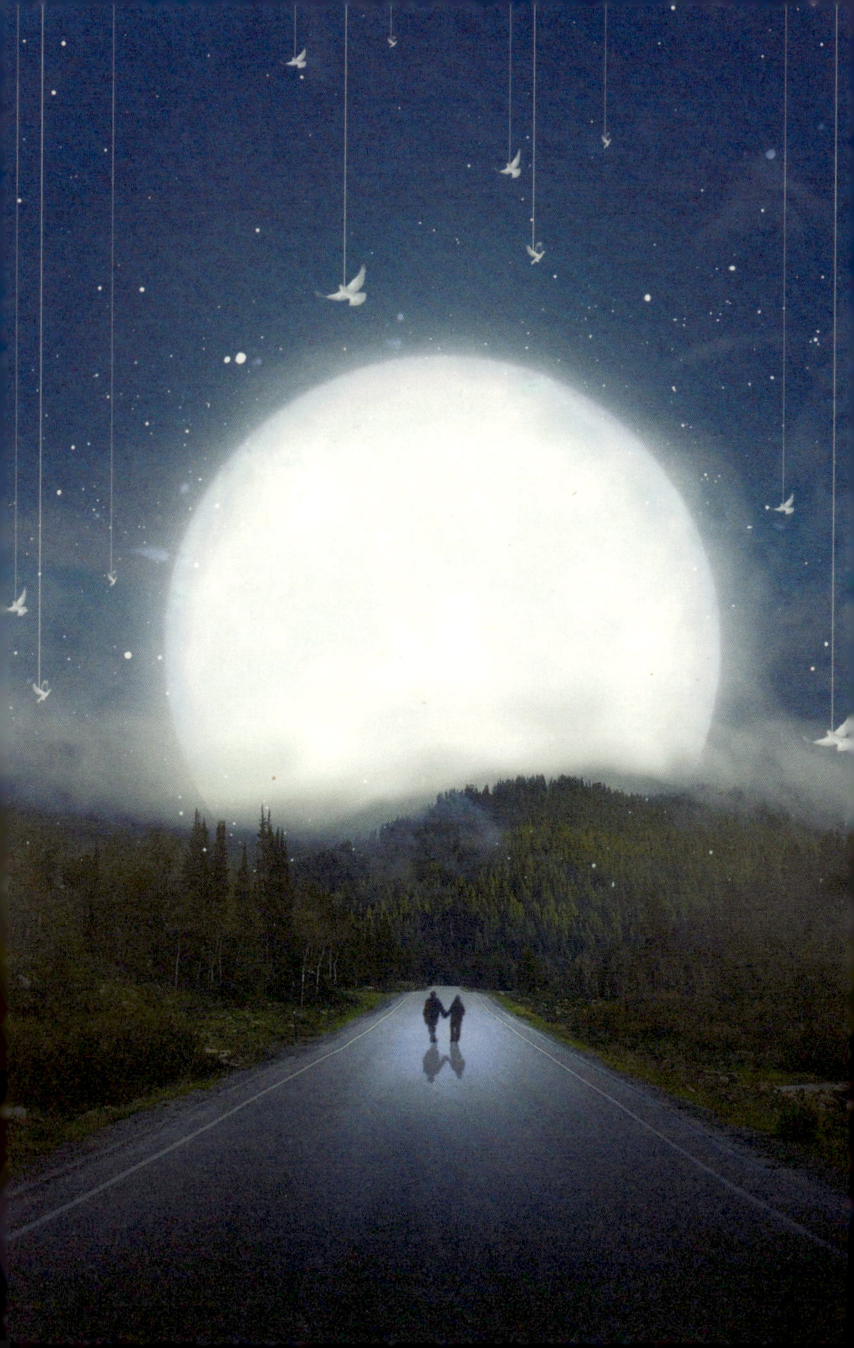

✳

Nós, seres humanos, temos dois lados.
Nosso lado "humano" está fervilhando
com a comoção da vida,
as emoções em altos e baixos e os
pensamentos numa grande confusão.
Nosso lado "ser" é uma presença serena,
livre das amarras do tempo,
observando, imóvel, a mente e o
mundo se desenrolando.
O mistério é que esses dois são uma coisa só.

✳

E se o caminho para a felicidade não for
trazer ordem para a bagunça da vida,
mas relaxar em meio à bagunça
e nos deleitar com sua vivacidade e sua beleza?

✳

A felicidade não é um estado a que a pessoa chega,
mas um jeito de viajar.
– Atribuído a Margaret Lee Runbeck

✳

Não importa quanto seu ambiente seja bom;
se viver ansiando por algo mais,
você nunca será feliz.
Isso porque a felicidade vem à tona
quando nossa mente para de estar inquieta
e começa a aceitar e apreciar as coisas como elas são.

*

De acordo com um ditado do budismo coreano,
somos aconselhados a:
"Não atrapalhar aqueles que querem vir
nem agarrar aqueles que desejam ir."
Ao abraçar uma atitude de aceitação,
podemos evitar mágoas desnecessárias e esforços em vão
e assim encontrar a paz no fluxo natural da vida.

*

Quando passar por alguma dificuldade, perceba
que não é a situação em si
que causa a dor,
mas sua resistência psicológica a ela.
Você pode aliviar essa resistência
imaginando que tal situação
na verdade foi escolha sua.
Acreditando que ela foi parte
do plano da sua alma para crescer.
Observe o que acontece depois.

※

Quando se aceitam exatamente como são,
as pessoas são mais propensas a mudar para melhor.
Até lá, elas permanecem na defensiva, resistem às críticas
e racionalizam o motivo pelo qual não podem mudar.

※

Deus, conceda-me serenidade
para aceitar as coisas que não posso mudar,
coragem para mudar as coisas que posso
e sabedoria para saber a diferença.
– Reinhold Niebuhr

Aceitação não significa justificar
maus comportamentos
nem achar que tudo que
aconteceu com você foi bom.
Na verdade, significa abandonar
seu desejo de mudar o passado e
convidar a paz para dentro do seu
coração, para que você possa
se concentrar no que realmente
importa no momento presente.

❋

Abrir mão não significa jogar fora.
Abrir mão significa deixar ser.
Quando deixamos ser com compaixão,
as coisas vêm e vão por conta própria.
– Jack Kornfield

❋

Enquanto estou perseguindo alguma coisa,
permaneço insatisfeito e atado.
Não há contentamento, liberdade nem paz.

❋

Indivíduos sábios cultivam o
contentamento com o que têm;
isso os torna menos suscetíveis às tentações e pressões
e permite que busquem apenas o
que realmente desejam.

❋

Quanto menos carente sou,
mais magnético me torno.
Quanto menos apegado sou,
menos controle os outros têm sobre mim.

*

Na reunião da turma da escola, você encontra
alguém por quem foi muito apaixonado
e enfim percebe tratar-se apenas de uma pessoa comum.
Você se pergunta por que era tão cativado por ela
e por que a considerava tão excepcional.
E então entende que não eram as
qualidades intrínsecas dela,
mas seu intenso apego e seu pensamento obsessivo
o que a fazia parecer única e diferente.

*

Lembre-se da época mais difícil da sua vida,
marcada por perda, doença, mágoa ou incerteza.
Você desejava que passasse logo, não é mesmo?
Agora tire um momento para apreciar quão longe você
chegou e se sentir grato por este
período de tranquilidade.

✳

Antes de lhe dar uma roupa nova,
o Universo vai esvaziar o seu guarda-roupa.
Se você passou por grandes dificuldades,
veja o que acontece na fase seguinte da sua vida.

✳

Do sofrimento saíram
as almas mais fortes;
e o caráter mais admirável é
marcado de cicatrizes.
– Edwin Hubbell Chapin

✳

Chega um momento na nossa vida
em que percebemos que tudo que temos
pode nos ser tirado num piscar de olhos.
Que permaneçamos gratos e
nunca deixemos de valorizar as coisas.

✳

Tome nota de todas as bênçãos que recebeu.
Escreva cada uma e, ao refletir, deleite-se
com os sentimentos de abundância,
gratidão e segurança.
Deixe que essas sensações maravilhosas
permeiem cada célula
do seu ser e permaneçam com você ao longo do dia.

✻

Sou grato pelo lindo dia de sol que faz hoje.
Sou grato por estar com a saúde relativamente boa.
Sou grato por ter familiares e amigos amorosos.
Sou grato por poder desfrutar desta
xícara de café quente.

✻

A gratidão é capaz de transformar
dias normais em dias de ação de graças, de
converter empregos rotineiros em
momentos de alegria e de
fazer com que oportunidades banais virem bênçãos.
– Atribuído a William Arthur Ward

※

Assim como tomamos vitaminas diárias,
vamos tomar a poderosa "pílula
da gratidão" contando
nossas bênçãos todas as manhãs.
Ela vai nos proteger
de emoções negativas, melhorar
nossa saúde física,
aprimorar nossas relações e elevar
nosso espírito.

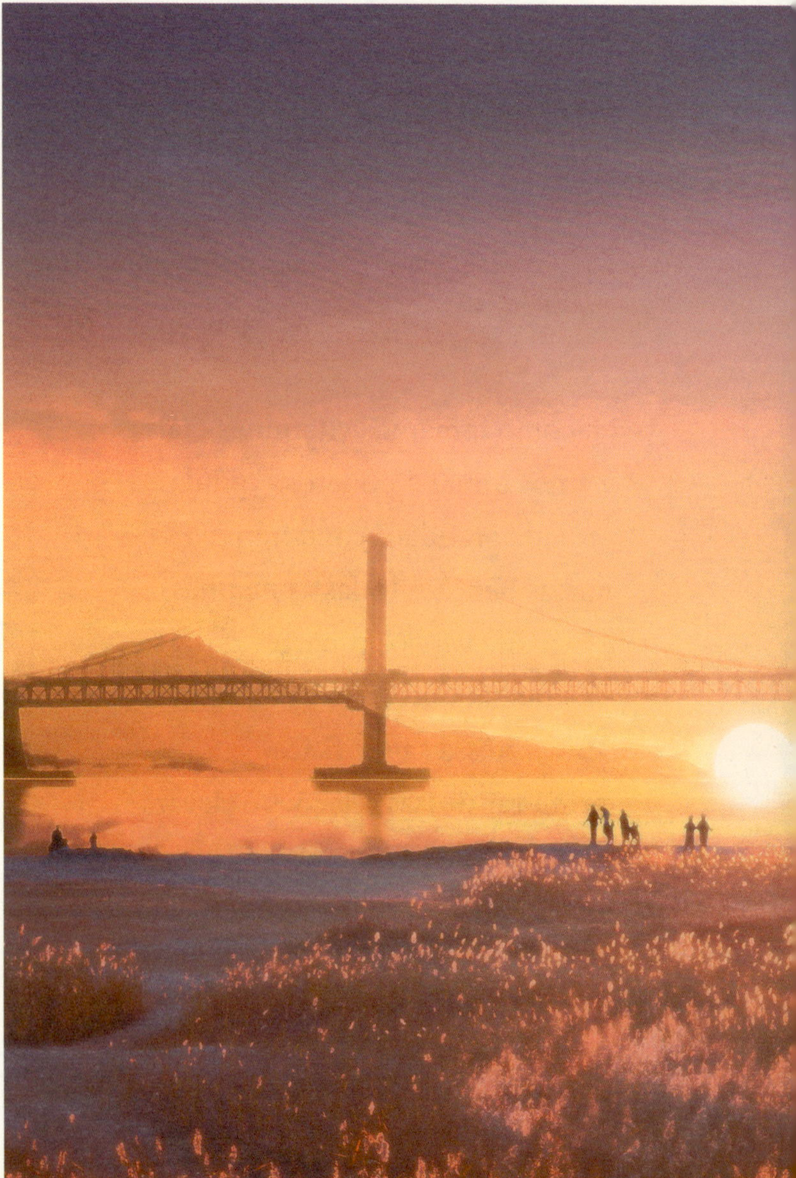

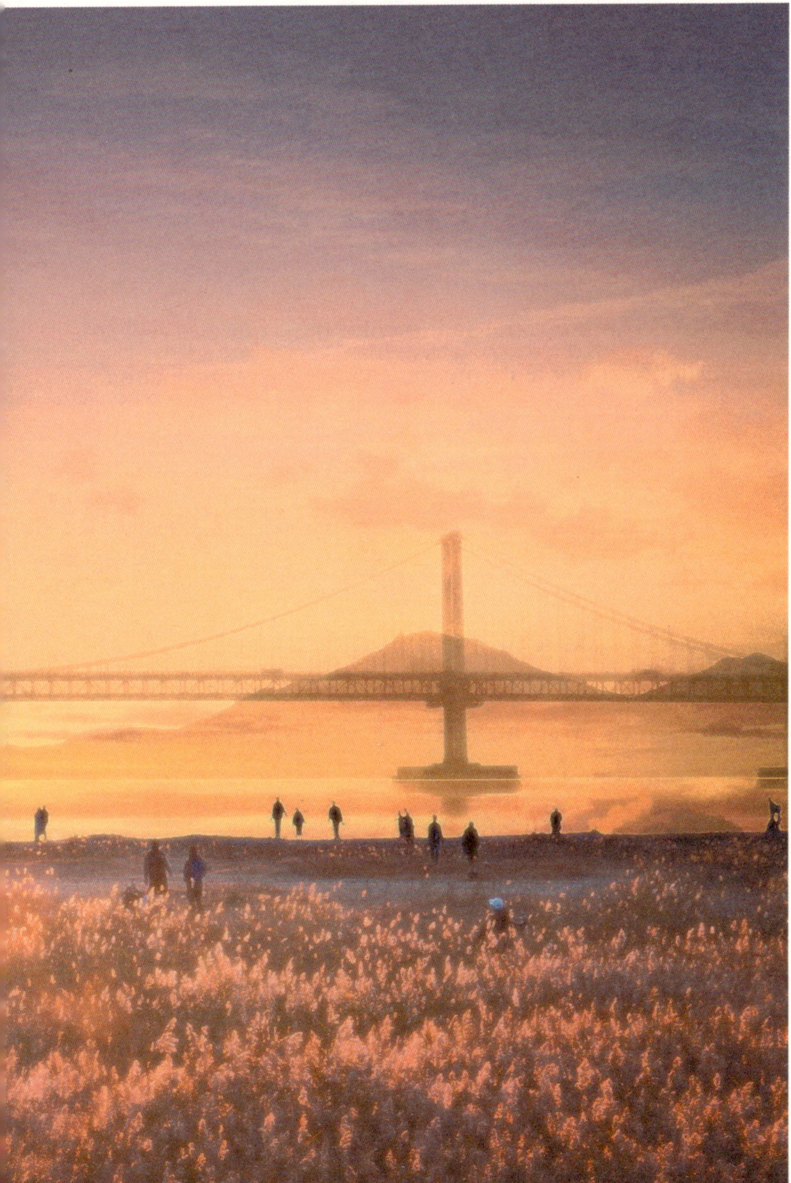

✳

Reformar um espaço físico leva tempo,
mas podemos mudar a ambientação da nossa mente
em um instante cultivando pensamentos positivos.
Quando temos pensamentos desejáveis e intencionais
e nos demoramos nos sentimentos bons que eles evocam,
criamos o ambiente mental em que queremos habitar.

✳

Se você quer ouvir música agradável,
basta sintonizar o rádio na estação certa.
Se você quer ter uma vida próspera,
ajuste sua mentalidade para focar
na gratidão e na doação.
Isso vai atrair mais bênçãos para o seu caminho,
do mesmo jeito que a música agradável continua a
tocar na mesma estação de rádio.

✳

Não reze a partir de uma perspectiva de escassez,
mas de uma mentalidade de abundância e gratidão,
pois o Universo é mais propenso a responder
ao que você é, não ao que você quer.

De acordo com ensinamentos do budismo,
a psicologia é equivalente à cosmologia.
Se a sua mente está repleta
de amor-bondade,
você experimenta o paraíso.
Se está transbordando de ódio e raiva,
você experimenta o inferno.
Tanto o paraíso quanto o inferno
são criados
e experimentados pela sua mente,
o que os torna inseparáveis.

✷

Você vai se surpreender com quantas coisas
dá para conseguir pedindo com jeitinho, até
aquelas que você pode já ter considerado impossíveis.
É como se o Universo quisesse que você as conseguisse;
basta estar disposto a pedir.

✷

Não force as pessoas a alcançarem os seus objetivos,
pois os melhores resultados
sempre vêm naturalmente,
com facilidade, no fluxo.

✷

O maior mistério é que seus desejos são
parcialmente realizados no momento
em que pensa neles.
Portanto, aja como se já os tivesse alcançado.
Desse jeito, você os atrai, em vez de
precisar correr atrás deles.
Esse é um atalho para realizar seus desejos.

✷

Como você se sente em relação ao Universo?

Você sente que o Universo é abundante e benevolente ou que é insuficiente e indiferente? Não estou falando sobre sua visão do Universo em termos científicos, mas de como se sente intuitivamente em relação a ele. Você sente que o Universo toma conta de você, sempre oferecendo um novo amigo, um amor, trabalho, dinheiro ou casa quando você pede com sinceridade? Ou sente que o Universo é um espaço morto e sem sentido onde todos os seres vivos precisam competir por recursos limitados e se virar para sobreviver? Você é capaz de confiar completamente no Universo para guiá-lo na direção certa e lhe dar todo o necessário? Ou sente que na vida para alguém ganhar outro deve perder, que o sucesso de alguém infelizmente é uma perda para você e que não existe uma força benevolente ou um poder superior que esteja além deste mundo?

Não fique perplexo se não souber ao certo como se sente em relação ao Universo. É bem possível que a sua mente goste da ideia de ele ser abundante e benevolente, mas sua intuição lhe diga o contrário. Qualquer sentimento que você tenha em relação ao Universo é importante porque vai determinar não apenas a sua visão geral da vida e das relações humanas, mas também com quanta facilidade você é capaz de enfrentar momentos difíceis.

Como você pode imaginar, esse sentimento depende muito da nossa criação e de como as pessoas eram tratadas na nossa comunidade da infância. Se nossas necessidades eram atendidas na maior parte do tempo e éramos bem tratados, é mais provável sentirmos que podemos confiar no Universo. Se, por outro lado, éramos maltratados, é mais difícil desenvolver essa confiança. Curiosamente, esse sentimento costuma ser hereditário, passado de geração a geração num nível subconsciente. Quando pensei nessa questão pela primeira vez, fiquei surpreso ao perceber que, sem me dar conta, havia internalizado os sentimentos do meu pai.

Meu pai é extremamente afetuoso e sempre me apoiou ao longo da vida. Quando era jovem, tomou a decisão consciente de não ser como o meu avô – que era popular e bem-visto na comunidade, mas em casa era emocionalmente irresponsável e pouco confiável como provedor. Ele não dava atenção nem amor a nenhum de seus seis filhos, exceto o primogênito, o irmão mais velho de meu pai.

Para piorar as coisas, meu pai nasceu pouco antes da Guerra da Coreia, quando muitas famílias não tinham nem comida suficiente, muito menos outros itens de primeira necessidade. Meu pai contou que se quisesse comer outra batata após comer a primeira, precisava comer mais rápido que todos os seus irmãos. Ele passou muitos recreios na escola apenas bebendo água para preencher o estômago, pois minha avó não tinha como mandar merenda para todos os filhos. A vida era dura para ele, que não recebia cuidados nem apoio suficientes, seja em termos de alimentação, calçados, instrução ou atenção da parte dos próprios pais.

Como resultado, para meu pai, o Universo era um lugar de escassez. Ele sentia que, a menos que lutasse pelo que precisava, ninguém viria suprir suas necessidades. Esse sentimento o levou a se tornar um homem diligente e responsável, que era um bom provedor para sua esposa e seus dois filhos. Por outro lado, ele não confiava inteiramente em ninguém que não pertencesse à sua família mais próxima e não era particularmente bondoso com as outras pessoas. Isso me incomodava muito, sobretudo durante minha adolescência. Meu pai era muito afetuoso em casa, mas costumava ser frio e indiferente às pessoas que não eram da família.

Quando fui ordenado com 20 e poucos anos, formei uma relação especial com outra figura paterna importante na minha vida: meu mestre monástico. Na comunidade monástica do budismo, esse relacionamento é muito similar ao de pai e filho. Foi ele que apoiou minha ordenação e me treinou como monge. Quando ele falecer, serei eu o responsável por organizar seu funeral e cuidar de suas cinzas.

Curiosamente, o ponto de vista de meu mestre é contrário ao do meu pai. Ele tem uma confiança inabalável no Universo, ou, de acordo com sua visão de mundo, no Buda. Segundo sua experiência, pode até levar algum tempo para isso acontecer, mas ele sempre recebe o que precisa depois de pedir em suas preces – não importa se são doações, voluntários, ajuda profissional para suprir as várias necessidades do templo ou mesmo que faça um tempo bom no dia das celebrações pelo aniversário do Buda. Ele tem uma atitude de relaxamento e aceitação diante da vida.

Ele também crê que os recursos que existem são mais que suficientes para dar conta das necessidades de todo mundo. Por isso é naturalmente generoso e dá qualquer coisa que possua a quem quer que lhe peça. E em noventa por cento das situações é o primeiro a se oferecer para pagar qualquer coisa... mesmo em jantares com pessoas ricas. Ele costuma dividir com outros monges e monjas as doações pessoais que recebe. Sou abençoado por ter um mestre como ele e admiro seu coração generoso e sua profunda fé no Buda. Entre outras coisas, ele me ensinou algo que meu pai não conseguiu: a confiar no Universo e levar a vida a partir desse ponto de vista.

Quando li a Bíblia pela primeira vez na adolescência, uma passagem chamou a minha atenção: em Mateus 6:25, Jesus ensina seus discípulos a não se preocuparem se terão o suficiente para comer e se vestir, pois Deus certamente proveria o que quer que precisassem. Apontando que os pássaros selvagens sempre encontram o que comer sem precisar estocar alimentos e que os campos de relva se vestem de esplêndidas flores sem precisar trabalhar para isso, ele diz: "Por que têm medo de não receberem aquilo de que necessitam?" Refletindo agora sobre esses versículos, penso que, essencialmente, Jesus estava pedindo a seus seguidores que, por meio da fé, deixassem de ver o Universo como insuficiente e indiferente e passassem a vê-lo como abundante e benevolente.

Diversas pessoas, inclusive eu mesmo, têm muito medo de dar esse voto cego de confiança. Em geral isso acontece porque, desde a infância, nossos pais e avós nos inculcaram muito profundamente um sentimento de desconfiança. Então, mesmo que concordemos de todo o coração que o Universo é um lugar de abundância e benevolência, ainda assim precisamos de algum tempo para assimilar essa ideia por completo e levar a vida de acordo com essa visão. Mas à medida que conto minhas bênçãos todos os dias e meu mestre me mostra exemplos incríveis, sinto-me cada vez mais confortável em abrir mão do controle e convidar a graça para a minha vida. E conforme vou encontrando mais exemplos dessa graça, mais relaxado e agradecido me sinto, descobrindo ainda mais dádivas maravilhosas que o Universo colocou no meu caminho.

Quando passamos por um período difícil na vida, permitir que nosso coração confie no Universo pode ser de uma ajuda enorme. Mesmo que não consigamos o emprego dessa vez ou sejamos rejeitados pela pessoa em quem estamos interessados, acreditamos que o Universo vai nos guiar para oportunidades melhores. Somos capazes de parabenizar outras pessoas por seus êxitos porque sabemos que teremos a chance de criar nossa versão do sucesso também. Podemos escolher perdoar aqueles que nos fizeram mal e seguir em frente, porque, uma vez que façamos isso, o Universo abrirá um novo capítulo da vida para nós. Mesmo que um familiar ou um amigo próximo venha a falecer, podemos confiar em que eles não estarão sozinhos e serão recebidos com bondade e compaixão pelo Universo.

Em última instância, essa é uma escolha que precisamos fazer. Podemos decidir em que tipo de Universo preferimos viver. O budismo ensina que cada indivíduo experimenta um tipo completamente diferente de Universo de acordo com o próprio estado de espírito. Conforme nos envolvemos em pensamentos e ações mais benevolentes, naturalmente experimentamos um Universo mais benevolente. É claro que isso também vale para o ponto de vista contrário. E ao saber que temos o poder de criar nosso Universo em vez de nos enxergarmos como meros produtos das circunstâncias, como você vai escolher se sentir em relação ao Universo e usar seu poder?

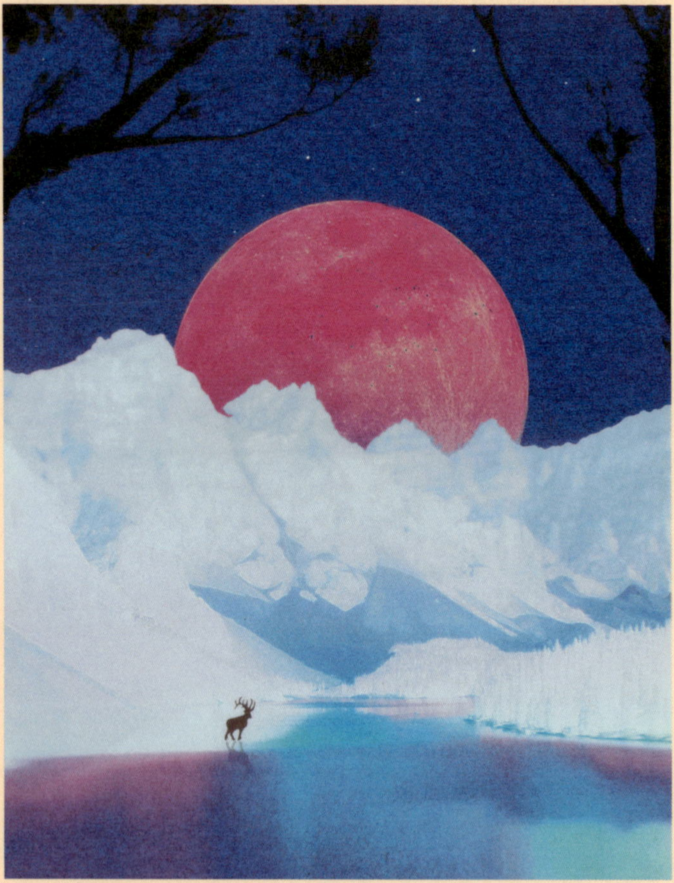

CAPÍTULO 2

Quando você está de coração partido

Rejeite-me com jeitinho

Dá para entender por que algumas pessoas dizem que uma entrevista de emprego é como um primeiro encontro. Lá estava eu, nervoso, esperando meu primeiro "encontro" para tomar um café com a chefe de departamento da universidade à qual eu estava me candidatando como professor assistente. Ao longo dos três dias seguintes ao de minha entrevista no campus, eu não apenas daria uma palestra aberta ao público sobre a minha pesquisa como também teria que sair para almoçar e tomar um café com meus futuros colegas em potencial. Isso para que eu pudesse estabelecer rapidamente uma afinidade e criasse uma impressão positiva, mas também para que eu avaliasse como seria trabalhar com eles.

Quando enfim me sentei para meu primeiro "encontro" no café do campus, achei minha futura colega cordial e gentil. Com uma caneca de chai latte quente nas mãos, relaxei e respondi a suas perguntas que, embora parecessem casuais, eram muito importantes. Ela perguntou onde eu havia estudado, como havia me interessado pelo tema da minha pesquisa e quais eram meus planos para o futuro. Depois eu lhe indaguei o que tornava aquela universidade especial e quais eram seus interesses acadêmicos mais recentes. Ficou óbvio que ela queria que eu tivesse uma boa impressão da universidade, da mesma forma que eu desejava que ela me escolhesse em detrimento dos outros dois candidatos finalistas.

Depois de passar três dias no campus como potencial professor de lá, comecei a fazer amizade com alguns membros do corpo docente e a ficar realmente animado com a perspectiva de trabalhar na universidade. Até cheguei a pesquisar uns apartamentos nas redondezas e me pus a imaginar como seria minha rotina como professor assistente. Como um adolescente que acaba de chegar em casa depois de seu primeiro encontro, eu não conseguia parar de pensar em minhas experiências por lá e estava a ponto de me apaixonar por aquele lugar. Como eu faria depois de um bom encontro, ao chegar de volta à minha cidade, mandei uma mensagem de agradecimento e fiquei aguardando pacientemente um telefonema.

Umas duas semanas depois, enfim recebi a mensagem que estava esperando. Não foi um telefonema, mas um e-mail curto. A chefe do departamento me dizia quanto havia gostado de minha visita ao campus e que estava muito impressionada com o meu trabalho. No entanto, o comitê de seleção infelizmente havia decidido contratar outro candidato, que "se encaixava melhor" nas necessidades da universidade. Ela me desejava sorte em minha busca por um emprego. O tom do e-mail – ao contrário de nosso primeiro encontro – era desprovido de afeto e parecia um texto-padrão, como se ela tivesse enviado o mesmo e-mail ao outro candidato não selecionado.

Fiquei arrasado. Foi como se tivessem jogado um balde de água gelada na minha cabeça. Aquela paixão que estava nascendo em mim não era correspondida. Eu ouvia a voz do meu crítico interior menosprezando meu intelecto, minha aparência e meu sotaque ao falar inglês, duvidando do meu futuro como professor universitário. Comecei a repassar minha visita na cabeça, me perguntando o que eu havia feito de errado. Surgiram muitos pensamentos de arrependimento, do tipo "eu devia ter..." ou "eu poderia ter...". E embora todo mundo tenha me dito que não fizesse isso, eu levei, sim, para o lado pessoal. Não conseguia deixar de pensar que haviam escolhido outra pessoa porque eu não era bom o suficiente.

À medida que prossegui em minha busca por emprego, porém, notei algo inesperado. Entrevistas são como qualquer outra habilidade na vida: quanto mais eu praticava, melhor eu ficava. Quando já era a terceira vez que visitava um campus para passar por entrevistas, eu estava visivelmente menos nervoso e mais seguro e agradável em minhas interações com as pessoas que encontrava. Eu já sabia a resposta a várias das perguntas mais típicas que o comitê costuma fazer. Entendi as necessidades deles com mais clareza e era capaz de falar extensivamente sobre como poderia satisfazê-las. Um lugar estava em busca de um candidato bem treinado em teorias culturais pós-modernas, enquanto outro lugar queria um especialista em história medieval que pudesse ensinar tanto budismo quanto história da China medieval. Cada universidade procurava uma peça única que se encaixasse perfeitamente em seu molde.

Então entendi de repente por que eu não deveria levar a rejeição para o lado pessoal: a decisão de escolher um candidato em vez de outro tem menos a ver com as qualificações de cada um do que com a variedade de desejos do comitê de seleção, que tem vieses específicos, preferências e histórias únicas.

Dali para a frente, também não cometi mais o erro de me apaixonar rápido demais. Em vez de sonhar acordado com meu futuro em qualquer lugar, passei a trazer minha atenção ao momento presente e me concentrar no que precisava fazer no *agora*. Sempre que me encontrava com algum entrevistador para um café ou um almoço, eu era simpático, sincero e sereno. Depois de incontáveis tentativas e erros, enfim veio o telefonema que eu esperava e recebi uma oferta para trabalhar numa respeitada universidade de artes liberais.

Não importa se fomos descartados por alguém em quem estávamos interessados, bloqueados por um amigo nas redes sociais ou ignorados na hora de receber aquela promoção que esperávamos: a rejeição sempre dói. Ela diminui nossa autoestima e desperta a voz do nosso crítico interior. Podemos facilmente ficar zangados, tristes e inseguros pensando em nossos pontos fracos. Se você está passando por um período de dor emocional por ter sofrido uma rejeição, sou solidário, pois já passei por isso muitas vezes. Nessa hora de dificuldade, eu gostaria de lhe oferecer o seguinte conselho:

Em primeiro lugar, não há por que levar a rejeição para o lado pessoal. Cada um tem gostos e preferências únicos, moldados por sua própria história. Essas coisas em geral já estão formadas desde antes de a pessoa conhecer você. Portanto, se rejeitaram você, isso tem mais a ver com as experiências e os gostos individuais do outro. Além disso, as pessoas tendem a preferir coisas que lhes sejam familiares. Mesmo que você seja objetivamente o melhor candidato a parceiro, amigo ou funcionário, se não for familiar, não vão gostar de você. No entanto, isso não diminui seu valor como pessoa. Você continua sendo talentoso, bondoso e agradável. Todas as suas boas qualidades ainda estão aí. A rejeição significa simplesmente que você e a outra pessoa não são compatíveis.

Em segundo lugar, pergunte a si mesmo se já rejeitou

alguém na sua vida. Você já negou um convite para ir a um encontro, não é? Já bloqueou pessoas nas redes sociais também. É ridículo esperar que todo mundo de quem você gosta também vá gostar de você. É apenas impossível. Chegar a supor que está no extremo oposto é igualmente absurdo: só porque alguém me rejeitou, então eu não devo ser digno de afeto e nunca vou conseguir encontrar um grande amor, uma amizade ou meu emprego dos sonhos. Isso não faz o menor sentido. Se você for paciente e estiver disposto a continuar firme em seus esforços apesar dos obstáculos, mais cedo ou mais tarde vai encontrar o que está procurando.

Em terceiro lugar, a rejeição pode ser uma experiência inquietante e fazer com que nos sintamos indesejáveis e sem valor. Quando a vivenciamos, é importante nos cercarmos das pessoas que nos amam e nos apreciam. Dividir nossas experiências difíceis com amigos e familiares confiáveis pode nos ajudar a aliviar a intensidade das emoções negativas e a nos sentirmos validados. Há um ditado coreano que diz: "Alegria compartilhada é alegria em dobro. Tristeza compartilhada é tristeza pela metade." Isso destaca a importância de falar sobre nossas experiências. Portanto, é melhor procurar alguém para conversar em vez de tentar lidar com a dor emocional por conta própria.

Meu último conselho é que você tire algum tempo para refletir sobre as suas experiências e continue a seguir em frente. Quando se deparar com uma rejeição, permita-se processar suas emoções e recuperar a compostura. Depois dedique um momento a pensar sobre o que você pode aprender com a experiência, pois não há melhor professor do que as situações da vida real. Internalize as lições que aprender e as coloque em prática na próxima oportunidade. Lembre-se de que podem ser necessárias várias tentativas na hora de encontrar o caminho certo. Mas se você encarar a rejeição como uma oportunidade para crescer, em algum momento vai encontrar o caminho que funciona para você e chegar a um destino que o deixará satisfeito. Estou torcendo por você!

�

Não desanime com a rejeição:
há um caminho ainda melhor à sua frente.
O que pode parecer um obstáculo às vezes
se mostra uma bênção disfarçada.

✶

Se você pudesse voltar dez anos e
dar um conselho ao seu eu mais jovem,
provavelmente seria algo como:
"Não se preocupe, tudo vai dar certo."
Agora escute o mesmo conselho de seu eu do futuro:
"Pode confiar, não precisa se preocupar.
Tudo vai dar certo."

✶

Eles rejeitaram apenas a sua inscrição.
Não a pessoa que você é.
Tomaram essa decisão com base
nas circunstâncias e necessidades deles.
Não é um reflexo de quem você é.

✶

As pessoas escolhem o que é familiar,
mesmo que isso só vá perpetuar a dor,
porque essa é a única coisa que conhecem.

✻

Se a sua ideia for rejeitada,
tome a iniciativa e comece aos poucos,
fazendo as coisas do seu jeito.
Embora possa levar tempo,
ao ganhar experiência e habilidades
ninguém vai poder desmerecer você
e seu sucesso será duradouro.

✻

Sei que dói ser tratado assim.
Seu eu do futuro pode fazê-los se arrepender
de não terem demonstrado mais gentileza e respeito
quando tiveram a chance.

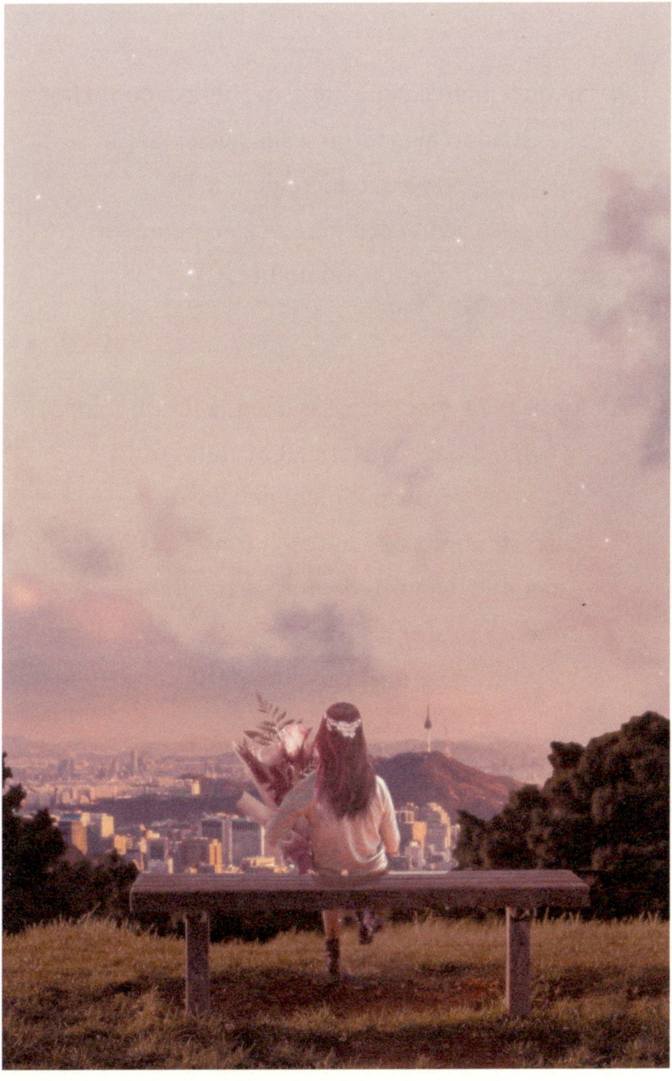

✳

Dizem que quem é paciente será abençoado no fim.
Quando algo testar a sua paciência,
respire fundo e pense:
"Ah, isso aconteceu para que eu possa ser
abençoado no fim."

✳

As coisas mais maravilhosas da vida levam tempo,
como o queijo artesanal, o vinho tinto
saboroso, o kimchi delicioso,
recifes de corais opulentos, hortas repletas de
legumes, campos de flores exuberantes,
a confiança profunda, relações fortes, segurança
financeira e uma carreira gratificante.

✳

Quando avaliamos as conquistas de alguém,
tendemos a nos concentrar em suas realizações pessoais.
No entanto, é crucial considerar
o impacto positivo que a pessoa teve nos outros,
ao ajudá-los a alcançar os próprios sonhos.

✽

Felicidade
é ver alguém que eu ajudei
tornar-se feliz e bem-sucedido.

✽

Uma coisa que você deve evitar
se quiser alcançar um grande sucesso:
seguir os outros cegamente sem desenvolver
seu estilo e sua abordagem.
Uma coisa que você deve evitar
quando já for bem-sucedido:
arrogância.

✽

Aquele que confia em excesso nas próprias habilidades
acredita que consegue se sair melhor que os especialistas.
Em casos extremos, chega a tentar ensinar aos especialistas.
Esse é um sério erro e uma coisa tola a se fazer.

✳

Aqueles que alegam com orgulho ter tudo
de melhor e mais refinado do mundo
talvez não tenham tido a oportunidade de explorar
a riqueza de outras culturas,
perspectivas e experiências de vida.
Caso contrário, teriam dito que o que têm
pode não ser o melhor do mundo,
mas é o melhor para eles.

✳

Se a pessoa lhe disser que não quer um relacionamento,
acredite nela e siga em frente. Não tente convencê-la
do contrário mostrando como você é incrível.
Guarde isso para alguém que queira um relacionamento.

✳

Se a pessoa com quem você saía sumiu do nada,
mande uma mensagem leve tratando
diretamente do assunto.
Experimente perguntar "Isso é ghosting,
Gasparzinho?" e veja o que acontece.

❋

Evite sumir sem dar satisfação e seja
sincero ao se comunicar.
Se a coisa não estiver funcionando, mande
uma mensagem clara e simples:
"Obrigado pelo seu tempo, mas infelizmente acho que
não somos compatíveis. Te desejo tudo de bom!"
Isso economiza tempo e energia –
e evita mágoas desnecessárias.

❋

Cuidado para não falar de relações passadas
com amargura e acusações,
pois isso pode prever seu comportamento no futuro.

❋

Se não puder chegar na hora marcada,
não recuse simplesmente.
Ofereça um horário alternativo, melhor para você,
a menos que a sua intenção seja terminar a relação.

Se você se sente à beira de um
colapso mental
porque alguém não para de
atormentar e menosprezar você,
lembre-se desta verdade:
há algo de errado com essa pessoa,
não com você.
Quem gosta de si mesmo não maltrata
os outros assim.
Não importa o que ela diga, não leve
para o lado pessoal.

✳

Não podemos ser responsáveis pela
infelicidade de alguém,
sobretudo quando não fomos nós que a causamos.
Mantenha uma atitude respeitosa em relação aos outros,
mas estabeleça limites claros.
Se você fica cada vez mais infeliz
tentando ajudar alguém,
suas boas intenções iniciais podem se
transformar em ressentimento.

✳

Quanto maior é a autoestima de uma pessoa,
mais ela respeita e trata os outros com gentileza.
Aqueles que menosprezam os outros
e os tratam com desdém
nunca foram respeitados na infância
ou se sentem insignificantes agora.

✳

Na vida, às vezes nos encontramos
numa situação em que
não podemos fazer muito por um ente querido que sofre.
Em momentos assim, tente manter
uma atitude tranquila
em vez de perder a cabeça com
tristeza e desespero.
Seu olhar calmo será uma fonte de
grande força para essa pessoa.

✻

Ao cuidar dos nossos pais que estão
envelhecendo, precisamos lembrar
que todos nós pedimos coisas absurdas e fizemos
as mesmas perguntas repetidamente
quando éramos crianças.
Com certeza, nossos pais também
queriam viver a própria vida,
mas sacrificaram seu tempo por nós.
Eles já fizeram por nós.
O que faremos por eles agora?

✻

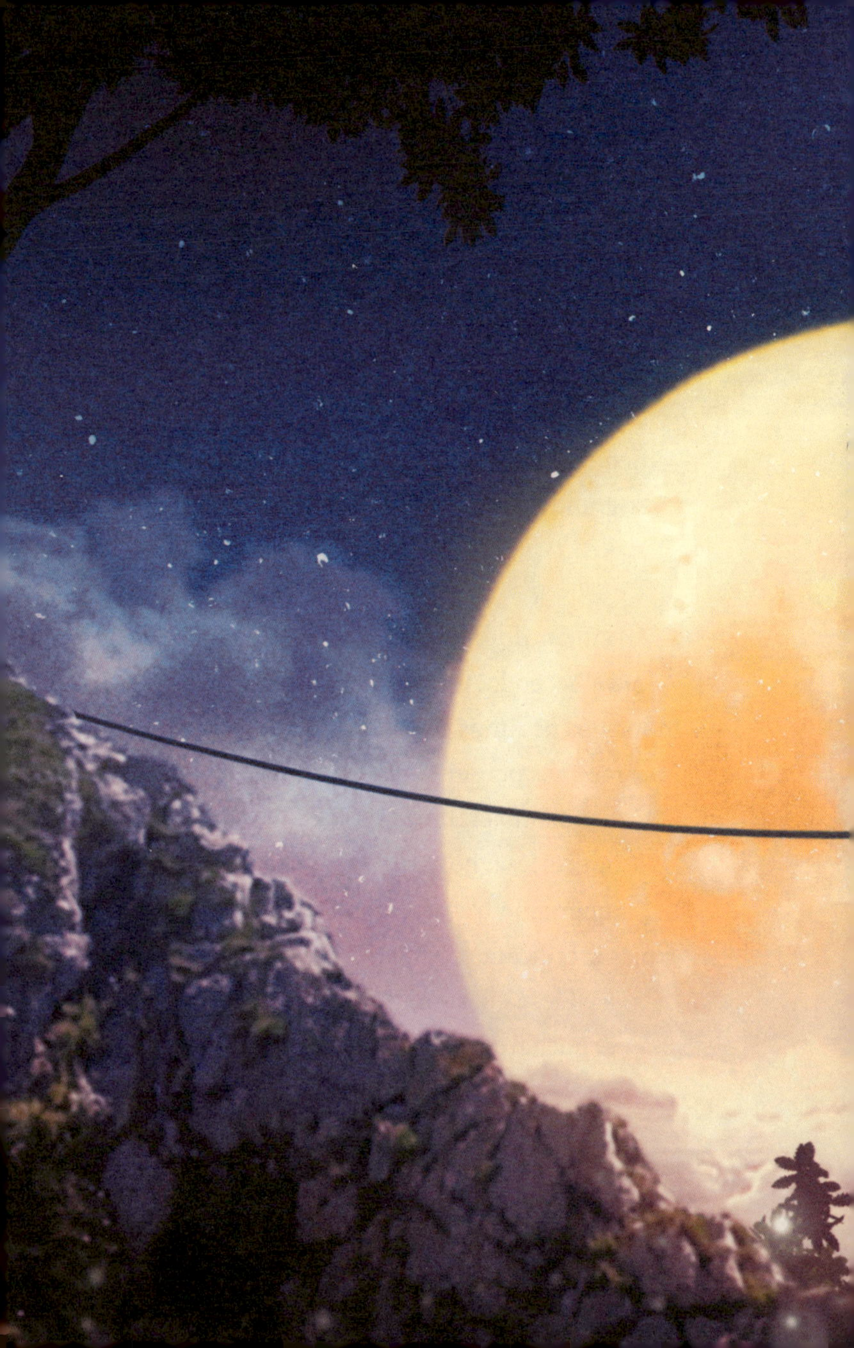

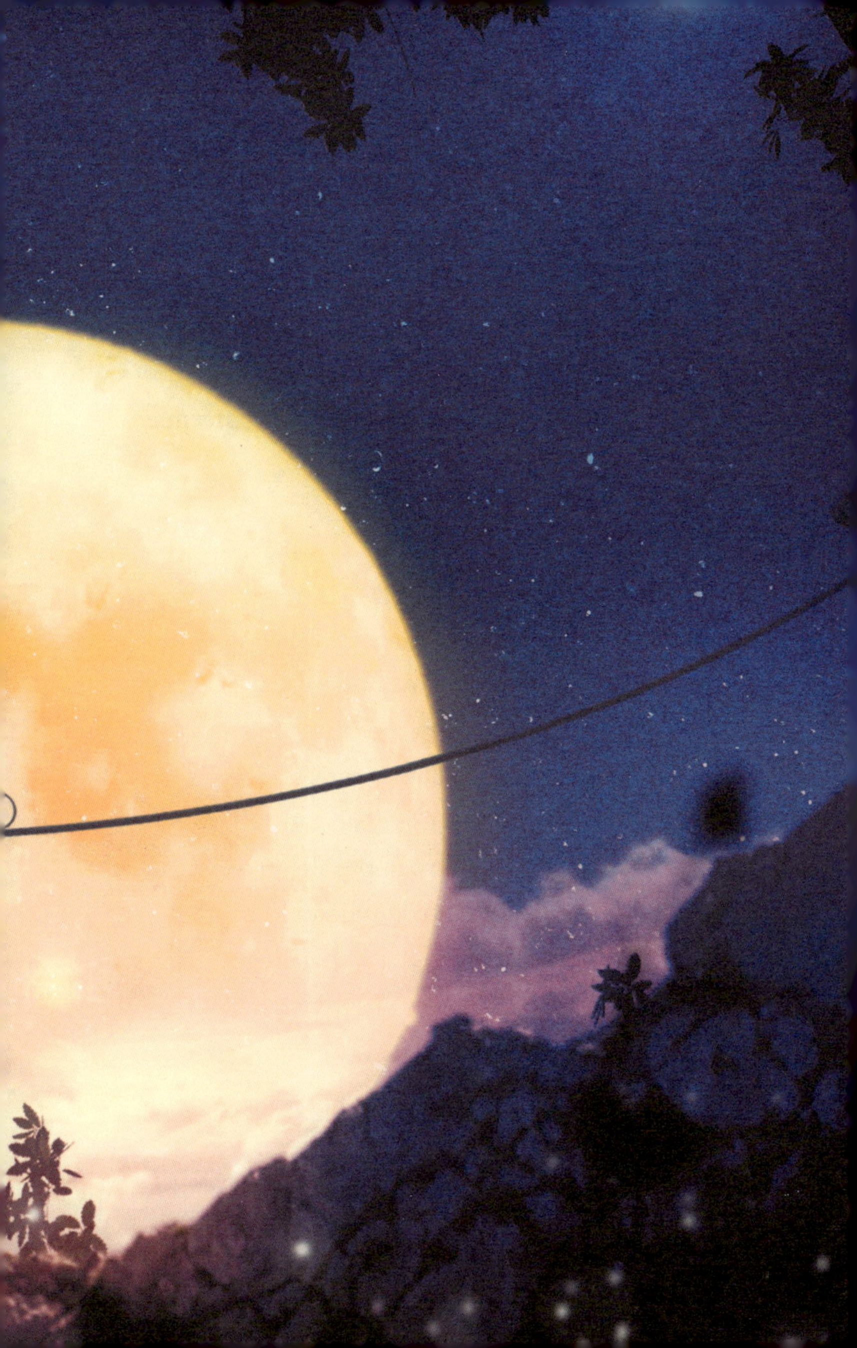

Não é que não entendamos a verdade
da impermanência.
É só que às vezes esquecemos disso e sem
querer pensamos
que nossos entes queridos de algum jeito ficarão
para sempre conosco.
E, quando os perdemos, isso nos surpreende
e nos parte o coração.

*

Quando vivenciamos a perda de alguém importante,
podemos culpar o mundo e fechar a porta
do nosso coração
para nos proteger da dor. Ou podemos
honrar a perda com o coração aberto,
amar e nos conectar
com aqueles que compartilham nossa
dor e nossa solidão.

※

Há um ditado budista que diz que
"o amor não tem inimigos".
Se você quiser proteger a si mesmo neste
mundo tão assustador,
tenha um coração de amor que não
odeia os outros.
É difícil fazer mal a alguém que
realmente ame você.

✳

Quando os pais falecem e sua riqueza é
dividida entre os filhos,
se você não tomar cuidado, pode causar muitas
mágoas e mal-entendidos.
O que seus falecidos pais diriam se descobrissem que
seus filhos pararam de se falar por causa da herança?
Que você tenha a sabedoria para saber domar
a própria ganância e
passe o resto da sua vida tendo uma boa
relação com seus irmãos.

✳

Não importa quanta riqueza exista;
se discutirmos por ela, ela parecerá pequena.
Por outro lado, se nos importarmos
uns com os outros,
até mesmo um pedaço de pão, ao ser dividido,
deixará sobras.

Os dias da primavera acabaram

No fim dos anos 1990, peguei um trem para a Universidade Princeton pela primeira vez na vida. Dava para sentir o entusiasmo da primavera chegando na fresca brisa de março. Eu estava indo visitar o campus depois de ser aceito no programa de doutorado. Meu coração transbordava de expectativa e nervosismo em relação às pessoas que eu iria conhecer.

Quando o trem parou na Estação Princeton, desembarquei na plataforma e procurei por Jason, um aluno do departamento que havia concordado em me encontrar por lá. Ele me avistou imediatamente e veio na minha direção. Ele era mais ou menos da minha altura, tinha a mesma idade que eu e parecia gentil. Logo me senti confortável com ele, como se já o conhecesse havia muito tempo. Ele estudara no Japão por muitos anos e entendia bem a cultura asiática. Pelos três dias e duas noites da minha visita, abusei da boa vontade dele e fiquei em seu dormitório. Conversamos muito sobre o doutorado e as possibilidades de moradia em Princeton. Graças às suas respostas detalhadas e aos maravilhosos professores que conheci, não aceitei a oferta da outra universidade e decidi ficar em Princeton.

Antes do início do programa de doutorado, Jason me contou que não continuaria no dormitório no semestre seguinte. Ele planejava se mudar para um apartamento de dois quartos e perguntou se eu queria dividi-lo com ele. Diante da possibilidade de começar uma vida nova não por conta própria, mas com um amigo como Jason, logo concordei. Fizemos a mudança para o novo apartamento poucas semanas antes do início do semestre. Compramos escrivaninhas, estantes de livros e os utensílios de cozinha que compartilharíamos. Vivíamos fazendo o jantar juntos, íamos a shows nos fins de semana e de vez em quando assistíamos a alguma palestra no templo do meu mestre, que ficava perto de Nova York. Embora tivessem se passado umas poucas semanas, viramos amigos próximos, o que me deixava muito feliz.

Mas quando o semestre começou, ficamos os dois ocupados com nossas aulas. Eu precisava continuar meu estudo de chinês e japonês, além do trabalho que faria no curso principal, e Jason começou a aprender coreano, conforme já queria fazer. Então era natural que eu fizesse muitas perguntas sobre o Japão e ele fizesse o mesmo comigo em relação à Coreia. Conforme o tempo foi passando, porém, fui percebendo que pensávamos de forma bem diferente sobre certos assuntos. Por exemplo, quando discutíamos política, tínhamos visões divergentes sobre líderes mundiais e suas atuações. Acontecia de ele tomar o lado de algum líder ou de uma linha política com os quais eu não concordava, e vice-versa. Tínhamos discussões acaloradas até tarde da noite e, curiosamente, acabávamos com os sentimentos feridos por causa de questões que pareciam triviais.

Em situações como essa, basta que as pessoas passem um tempo afastadas para dar uma à outra algum espaço mental, e elas em geral logo se dão conta de que o motivo da discordância não era tão sério assim. E as coisas voltam ao normal. Mas como eu e Jason vivíamos naquele apartamento apertado, era difícil dar esse espaço um ao outro. Para piorar as coisas, com frequência íamos juntos para o campus, então o climão durava alguns dias.

Outras discordâncias com Jason nasciam de coisas que eu nunca teria imaginado. Na época, sempre que eu fazia arroz, cozinhava um pouco mais para que Jason também comesse e usava a função da panela elétrica que mantém o alimento aquecido. Em geral eu fazia uma quantidade que dava para dois ou três dias, mas, por alguma razão, Jason não comia arroz do dia anterior. Quando lhe perguntei por que, ele respondeu que não gostava de arroz dormido, mesmo que fosse mantido quente. Antes que eu percebesse, nos achamos na situação um tanto absurda de ter cada um a própria panela elétrica naquela cozinha minúscula. No fim das contas, embora morássemos no mesmo apartamento, mal nos sentávamos juntos para fazer uma refeição e conversar.

O semestre do outono terminou e, no início da primavera, Jason e eu levantamos a voz um para o outro. Ele havia comprado uma câmera nova e eu, achando que fosse lixo, jogara fora o manual de instruções. Eu preferia viver com o mínimo necessário, então gostava de jogar coisas no lixo, enquanto Jason era inclinado a guardar lembrancinhas e preservar documentos e livros importantes. Eu lhe pedi desculpas pelo meu descuido, mas um período de silêncio e tensão tácita permaneceu entre a gente por algum tempo. Só voltamos a nos falar porque já não suportávamos tanto constrangimento.

QUALQUER UM QUE já tenha dividido a casa com alguém sabe que a relação pode azedar por causa das coisas mais minúsculas. E o que talvez nem seja muito sério numa relação de amizade rapidamente pode se tornar fonte de tensão e ressentimento quando você mora no mesmo espaço que a pessoa. Por exemplo, vocês podem ter jeitos diferentes de lavar louça ou limpar o banheiro, ou podem ter um gosto diferente em relação ao que ver na TV ou que tipo de música ouvir. Outros fatores, como ir para cama em horários diferentes, roncar ou receber visitas com frequência, também têm o potencial de causar problemas. É difícil prever em que áreas os conflitos surgirão, mesmo que o outro seja seu melhor amigo ou parceiro amoroso. Se você mora com alguém que não conhece, é mais fácil manter o nível de cortesia e indiferença necessário para um não se meter na vida do outro. No entanto, essa não é uma possibilidade para pessoas que já se conhecem bem.

Jiddu Krishnamurti, um grande mestre espiritual indiano do século XX, certa vez disse que só conhecemos quem somos por meio do espelho dos relacionamentos. Ou seja, apenas quando observamos como nossa mente responde no contexto dos relacionamentos é que podemos descobrir nossos medos, desejos, tendências, pretensões e vulnerabilidades.

Osho Rajneesh, outro mestre indiano, dizia que não precisamos tornar nosso coração duro como pedra nem deixar de sentir dor para alcançar a maturidade. Na verdade devemos fazer o oposto: ter coragem de encarar nossa dor e a dor dos outros. Ao nos sensibilizarmos para a realidade do sofrimento e aceitá-la, aprofundamos a compreensão que temos dela e permitimos que nossa mente amadureça.

Meu relacionamento com Jason funcionou como um espelho, refletindo os aspectos de mim mesmo para os

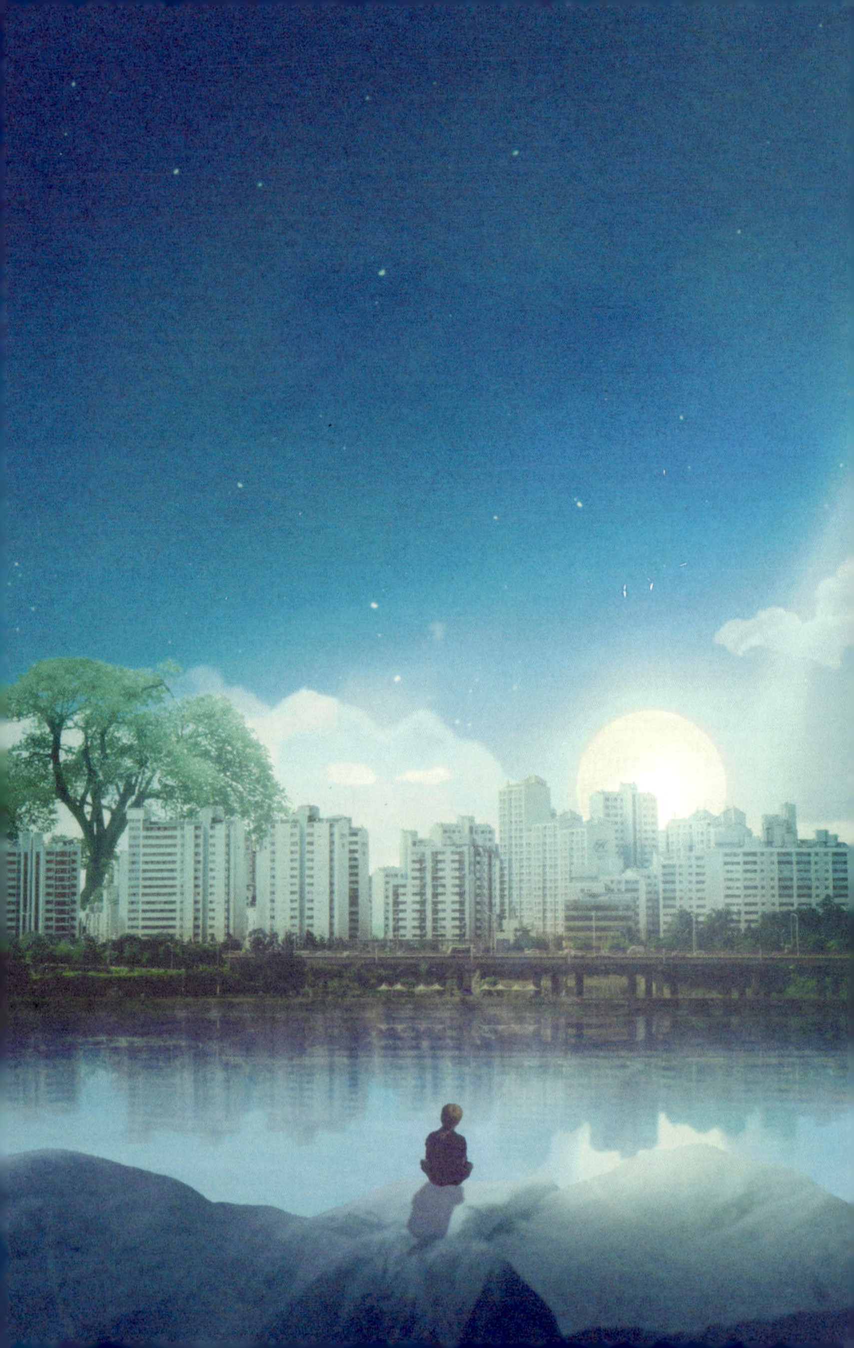

quais eu estivera cego até então. Foi uma lição de humildade ver minhas tendências egoístas, pouco generosas e mesquinhas, que até ali haviam passado despercebidas. Ao mesmo tempo, fiquei profundamente triste e desgostoso com o jeito como nossa amizade estava se desenrolando. Passei aqueles dias de primavera, aos 20 e poucos anos, vivendo esse processo de autorreflexão, durante o qual senti muita tristeza, dor e arrependimento.

SE VOCÊ VAI morar com alguém pela primeira vez, seja apenas dividindo um apartamento ou num relacionamento amoroso, há algumas coisas que aprendi a fazer para evitar conflitos futuros.

Em primeiro lugar, deem espaço um ao outro. Embora tenham curtido muito a companhia um do outro antes de irem morar juntos, é importante lembrar que vocês não precisam fazer tudo juntos. Conversem sobre as atividades que querem fazer em dupla e as que preferem fazer por conta própria. Ao dar espaço um ao outro, vocês podem se ocupar dos seus interesses individuais sem sacrificar as próprias necessidades em nome da outra pessoa. Quando passam muito tempo juntos, sem espaço individual, isso pode fazer com que se sintam asfixiados e ressentidos, o que tem o potencial de causar muita tensão. Tendo algum tempo para recarregar as energias e organizar os próprios pensamentos, você consegue manter um equilíbrio saudável – e isso leva a uma relação mais feliz.

Em segundo lugar, comuniquem-se abertamente sobre as expectativas um do outro, sobretudo em relação à organização da casa como um todo e das finanças. Por exemplo, quem vai tirar o lixo e como o banheiro deve ser limpo? Vocês vão lavar as roupas juntos ou separados? O aluguel e as contas serão divididos meio a meio ou de maneira proporcional à renda ou ao uso de cada um? Vocês terão uma conta conjunta para comprar alimentos ou comprarão e pagarão separadamente? Tem problema comer o iogurte ou a barrinha de proteína do outro e depois repor? Discutir esses assuntos logo depois da mudança pode prevenir frustrações e ressentimentos no futuro.

Em terceiro lugar, ao morar com alguém, é necessário ajustar a rotina de cada um para os dois viverem de forma harmoniosa. Por exemplo, se o seu companheiro de apartamento ou parceiro gosta de acordar cedo, mas você prefere dormir até mais tarde, talvez seja preciso fazer algumas concessões sobre o horário de apagar as luzes ou de baixar o volume da TV. Pode ser que cada um tenha uma preferência diferente em relação à alimentação, talvez um de vocês tenha intolerância à lactose ou seja vegetariano enquanto o outro come de tudo. Nessas situações, é importante chegar a um consenso e encontrar uma forma de cozinhar que seja boa para os dois.

Por fim, aprenda a tratar a questão de modo respeitoso caso seu companheiro ou parceiro faça algo que aborreça você. Cada um tem as próprias manias, idiossincrasias e picuinhas. Em vez de engolir a raiva toda vez que a outra pessoa fizer algo que o incomode, comunique seu desconforto de um jeito gentil e respeitoso. É muito provável que o outro não tenha a intenção de aborrecer você nem saiba que está fazendo isso. Ao lidar com esses desafios com paciência, empatia e respeito, vocês podem criar um ambiente harmonioso em casa e construir uma relação mais forte.

❉

O autoconhecimento é possível
através do espelho dos relacionamentos.
Se você observar com atenção como sua mente reage
quando você encontra pessoas e conversa com elas,
passará a entender quem você é.

❉

Passar tempo com bons amigos é algo muito especial
porque, ao contrário de outros encontros na nossa vida,
com eles não há propósito oculto nem
segundas intenções.
O único propósito é curtir a companhia um do outro.

❉

Um momento realmente feliz neste mundo:
encontrar um amigo íntimo depois de algum tempo
e passar a noite colocando a conversa em dia.

❉

Torne um objetivo de vida ter dez amigos íntimos.
Ter amigos assim pode ter uma influência
mais duradoura
na saúde e na felicidade do que ter sucesso
ou receber elogios.
Assim como precisamos da natureza como
um local de refúgio para além do lar,
os amigos são essenciais à nossa vida para
além da família.

✽

Se a família é enviada dos céus,
os amigos são a família que escolhemos.
– Jess C. Scott

✽

As moças jovens na mesa ao lado estavam muito felizes
pela amiga e diziam "Maravilhoso!" sem parar
enquanto ela contava que finalmente
encontrara um trabalho.
Até eu, um completo desconhecido,
fiquei feliz por ela.

✽

Um bom amigo é um mágico
que é facilmente capaz de duplicar minha felicidade.

※

Dizem que a chance de dar risada é trinta vezes maior
quando estamos com amigos do que
quando estamos sozinhos.
Rimos só quinze por cento das vezes
porque algo é realmente engraçado,
enquanto no resto do tempo rimos
porque as pessoas à nossa volta estão rindo.
O riso é a cola que mantém os relacionamentos.

※

Obrigado por continuar meu amigo
mesmo depois de conhecer meus defeitos e problemas.
Tenho sorte de ter você na minha vida.

※

No momento em que encontra um defeito em alguém,
o defeito semelhante que estava latente dentro de você
desperta e começa a crescer.
Não regue as sementes da sua negatividade.

❋

Encontros sociais podem ser
dividos em dois tipos:
aqueles em que a conversa é sobre
gente que não está presente
e aqueles em que as pessoas compartilham
abertamente as próprias experiências.
Gosto muito mais desses últimos.

✻

Pensando bem, consideramos as outras pessoas teimosas
provavelmente porque também temos
a mesma teimosia.
Se não fôssemos teimosos, veríamos os outros apenas
como pessoas motivadas e cheias de convicção.

✻

Uma das coisas mais fáceis de fazer
é falar sobre os erros dos outros.
Uma das coisas mais difíceis de fazer
é investigar profundamente os próprios erros.

✻

Quando fizer um novo amigo,
em vez de tentar parecer perfeito ou engraçado,
tenha a coragem de mostrar seu verdadeiro eu.
Ele se sentirá muito mais próximo de você.

✻

Ao se tornar íntimo de alguém,
desentendimentos são inevitáveis.
Em vez de fugir ao primeiro sinal de conflito,
converse sobre a discussão e tente reconciliar
as diferenças.
Ao fazer isso, a relação de vocês vai criar raízes
mais profundas.

*

Com frequência confundimos o "Ele é assim"
com o "Eu gostaria que ele fosse assim".
Ao fazer isso, criamos expectativas equivocadas e
mais cedo ou mais tarde acabamos decepcionados.

*

Mesmo que tenha discutido com alguém,
depois de um tempinho, após se acalmar,
procure a pessoa e tente falar com ela.
"Como vai? Eu me arrependi das coisas
duras que falei para você."
A pessoa madura sabe quando pedir desculpas
e buscar a reconciliação.

※

Quando conhece alguém de quem gosta,
é comum você formar uma
imagem idealizada
com base nos próprios desejos.
Porém, ao conhecer essa pessoa melhor,
pode ser que perceba que ela
não é o que você esperava.
É importante lembrar que essa experiência
aconteceu na sua mente.
O outro nunca
pediu que você tivesse uma visão
positiva dele
nem teve a intenção de
decepcionar você.

❋

Se você conta algo íntimo a um amigo,
mas depois se arrepende
e até promete a si mesmo nunca mais fazer isso,
é provável que tenha recebido desse amigo
um julgamento, não a aceitação.
A questão está na falta de empatia dele, não em você.
Você demonstrou coragem ao se abrir e ficar vulnerável.

❋

Se você tenta demonstrar compreensão
pelas dificuldades do seu amigo
contando uma experiência parecida que viveu
e enfatizando que a sua foi muito pior,
saiba que isso não oferece nenhum tipo de conforto a ele.
Ele precisa é de alguém
que lhe pergunte como se sente e que o escute,
não alguém que lhe roube a oportunidade de falar.

❋

Não ajuda muito dizer a um amigo em dificuldades:
"Supere logo isso e siga em frente!"
Claro que ele quer superar,
mas não consegue – e é por isso que está sofrendo.
Em vez disso, diga: "Não consigo imaginar
como é passar por isso. Estou aqui para o
que você precisar."

*

Quando as circunstâncias exigirem que você
fique perto de gente que o deixa desconfortável,
use a experiência como uma
oportunidade de aprendizado.
Lembre a si mesmo de não exibir um
comportamento semelhante.
Reflita também sobre o que o leva a se sentir
assim perto do outro.
Será porque ele desperta alguma ferida ou
lembrança do passado?
Será por alguma diferença fundamental em
relação às suas crenças?
Ao entender a fonte do seu incômodo,
você pode trabalhar pela cura e crescer como pessoa.

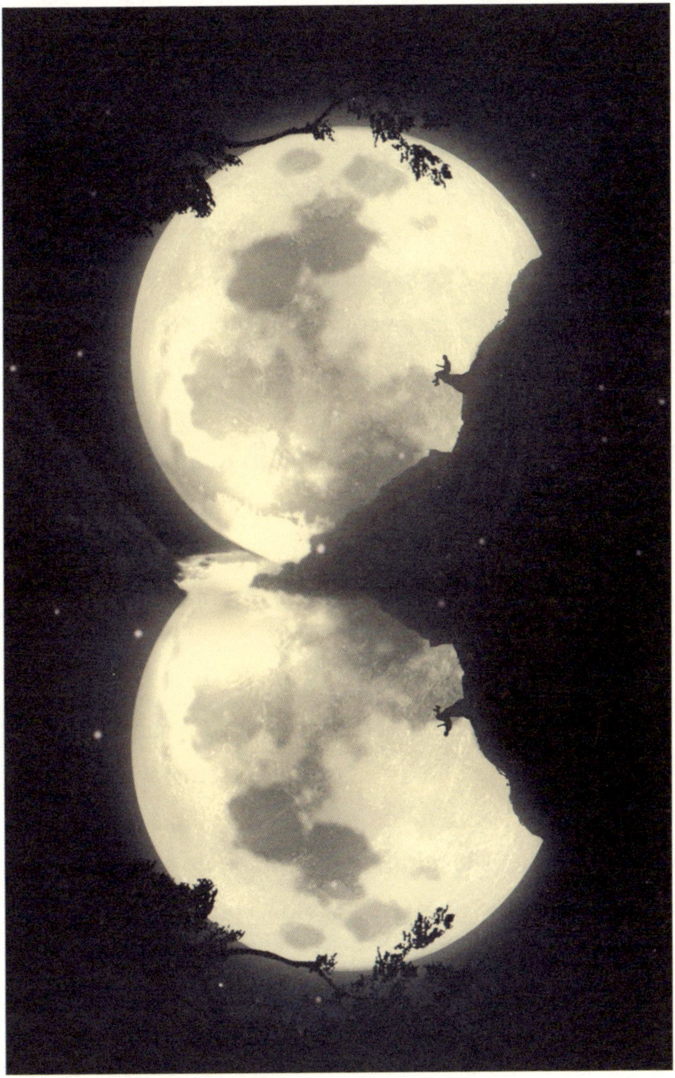

❄

Se você puser uma flor chique como uma
rosa na sua sala de estar,
a tendência é que ela murche em alguns dias.
Por outro lado,
flores selvagens de beleza mais simples duram mais.
Nossa conexão com alguém que tenha
talento e aparência esplêndidos
pode parecer muito legal à primeira vista,
mas não costuma durar muito.
Por outro lado, construir uma relação com alguém
que vive de forma modesta e confiável pode
levar a um laço longo e duradouro.

❄

Hoje de manhã tive uma revelação súbita.
Acho que mudamos o rumo da nossa vida
muito mais por encontros ao acaso com as pessoas
do que pela leitura ou por meio do estudo.
Se você quer mudar a sua vida, conheça pessoas.

❄

Quando encontro um bom amigo,
sua reação positiva a mim
me faz confiar mais em mim mesmo.

*

Algumas pessoas recorrem a padres;
outras, à poesia.
Eu, aos meus amigos.
– Virginia Woolf

Minha inveja, meu sofrimento

Quando eu era pequeno, toda vez que voltava da casa do meu tio mais velho ficava um tempão triste. Isso acontecia por causa do contraste gritante entre seu apartamento luxuoso, com cinco quartos e dois banheiros, localizado num bairro chique onde ficavam as melhores escolas de Seul, e a velha quitinete alugada pela minha família. A casa dele parecia ser de outro mundo, com atmosfera e cultura próprias.

O cheiro foi o primeiro aspecto que notei. Quando abri a porta do apartamento dele e entrei, fui recebido por uma fragrância cálida e misteriosa, diferente da que havia na minha casa. Logo na entrada, em um espaço perto do local onde guardávamos os sapatos, havia um local repleto de coisas com as quais eu sempre quisera brincar – uma bola de basquete, outra de vôlei, uma bicicleta –, e na sala de estar havia um sofá grande e confortável, além de pinturas de artistas famosos penduradas nas paredes. O que eu mais invejava era a sala onde ficava o piano. Eu era louco para aprender a tocar, mas não podia porque não tínhamos dinheiro para pagar as aulas. A visão do irmão mais velho do meu pai e sua família residindo numa casa tão deslumbrante e espaçosa era uma quimera.

Com o meu tio moravam meus dois primos, mas, talvez por terem vivido alguns anos no exterior, era como se houvesse um grande rio correndo entre nós. Os dois simplesmente ficavam na margem oposta, sem fazer nenhum tipo de esforço para convidar a mim e meu irmão para nos juntarmos a eles. Então, mesmo quando visitava meu tio, eu só brincava com meu irmão. Você pode se perguntar por que eu não me aproximava dos meus primos com afeto, mas era difícil para alguém com tão pouco se aproximar de alguém que tinha tanto. Eu também era pequeno, e lá era a casa do meu tio, não a minha. Então eu só ficava ali meio de lado e depois ia para casa com uma sensação inexplicável de tristeza e perda.

Agora que sou adulto, estou livre do meu complexo por viver com tão pouco e consigo falar com mais facilidade sobre tudo isso. Mas, na juventude, a casa grandiosa do meu tio tinha um efeito profundo sobre mim, evocando uma sensação de insignificância esmagadora e difícil de superar. Isso fez com que eu me ressentisse de meus pais durante muito tempo. Embora eu fosse bom aluno, minhas notas eram sempre menores que as do meu primo mais velho, que era o primeiro entre os garotos da sua idade. À medida que fui passando por outras experiências de orgulho ferido, desenvolvi um profundo complexo de inferioridade. Não importava quanto lutasse sozinho no meu ambiente familiar inadequado, eu sentia que nunca seria capaz de conquistar a montanha que eram meus primos.

Acho que todos têm uma ou duas cenas da infância que ainda conseguem ver com nitidez quando fecham os olhos. A minha foi quando eu estava no quinto ano e toda a família havia se reunido para comemorar o aniversário da minha avó. Eu não queria ir, mas mesmo assim meus pais levaram a mim e meu irmão para a casa do meu tio. Mal cumprimentei as pessoas com um aceno de cabeça e meus tios me colocaram num cômodo com meus primos, dizendo que deveríamos brincar juntos. Pela primeira vez em muito tempo falei com meu primo mais novo. Ele me mostrou um brinquedo que os pais deles haviam trazido dos Estados Unidos. Era como uma câmera, mas quando você colocava um disco com filme colorido e olhava pela abertura, ali, diante dos seus olhos, apareciam fotos de vários parques nacionais daquele país. Meu primo me disse que me emprestava para eu brincar um pouco, então mostrei ao meu irmão mais novo como funcionava e ficamos brincando com aquilo por algum tempo.

Só que de repente o disco parou de virar quando clicávamos o botão. Tentei ver o que podia haver de errado, mas o que eu poderia fazer? O filme ficou emperrado e rasgou. Após pensar um pouco sobre como lidar com aquela situação, fui devagarinho até o lado de fora e joguei o disco no lixo. Depois fingi não saber que o disco havia sumido.

Naturalmente, meu primo me perguntou onde o tal disco tinha ido parar. Como eu fiquei dizendo que não sabia, ele contou à mãe dele, que perguntou ao meu irmão e a mim se realmente não sabíamos o que tinha acontecido. Quando ela fez essa pergunta, uma enxurrada de emoções tomou conta de mim. Foi uma mistura esquisita e complexa de sentimentos, difícil de explicar: tristeza, medo, ódio, inveja, raiva e a sensação de que haviam cometido alguma injustiça contra mim. Chorei por algum tempo, assoberbado por todas essas emoções, e jurei nunca mais ir à casa do meu tio. Mas no ano seguinte não tive escolha senão deixar meus pais me levarem lá outra vez.

Olhando em retrospecto hoje, já adulto, reconheço que eu devia sentir uma inveja profunda dos meus primos. Embora essa seja uma experiência comum na infância, a lembrança ainda me traz uma pontada de mágoa, porque as emoções ligadas a esse sentimento são complexas e evocam muita dor, tristeza e até um pouco de raiva.

Quando percebo estar sentindo inveja de alguém, eu me dou conta de que nunca é de alguém profundamente diferente de mim, mas sempre de alguma pessoa com a qual sou capaz de me identificar. Por exemplo, podemos sentir inveja quando um colega de trabalho que entrou na empresa mais ou menos na mesma época que nós recebe uma promoção antes da gente. Podemos sentir algo parecido quando um amigo que morava no mesmo prédio recebe uma herança e vai morar numa linda mansão. Por outro lado, raramente invejamos pessoas com as quais não temos nenhuma relação, como Bill Gates ou Elon Musk, não importa quanto eles sejam ricos e bem-sucedidos.

Emoções desse tipo podem passar da simples inveja à raiva ou até mesmo à violência, dependendo da intensidade delas. Isso costuma ocorrer quando nos concentramos num aspecto muito específico da vida de alguém, como seus bens materiais, suas habilidades ou sua aparência, e não olhamos o quadro mais amplo. Embora cobicemos alguma coisa que esse indivíduo tem, pode ser que ele também sofra de depressão, solidão ou ansiedade justamente por causa dela ou das pressões e expectativas associadas a ela.

Se fizermos um bom uso da inveja, ela pode nos motivar a trabalhar duro para desenvolver nossas habilidades. Há um antigo ditado que diz: "Com frequência o céu abençoa as pessoas com grande potencial colocando no caminho delas um rival que pareça superá-las." Quando resistimos à tentação de sucumbir à inveja e a usamos como motivação para nos tornarmos melhores, podemos até chegar à constatação de que a pessoa que despertou esse sentimento em nós na verdade foi a que mais contribuiu para o nosso sucesso.

Fico de certa forma constrangido em admitir que minha motivação para entrar numa universidade de ponta nasceu do espírito de competitividade que eu tinha em relação aos meus primos na juventude. Eu disse a todos que estava indo para os Estados Unidos para estudar, mas lá no fundo eu queria provar a mim mesmo e à minha família que poderia ser bem-sucedido do meu próprio jeito. Com certeza, sem a inveja eu não teria me motivado a trabalhar tão duro. Agora que estou mais velho, quero expressar minha gratidão, me desculpar com os meus queridos primos pela minha inveja e ao mesmo tempo dar um abraço apertado em minha criança interior solitária, que sofre dentro de mim.

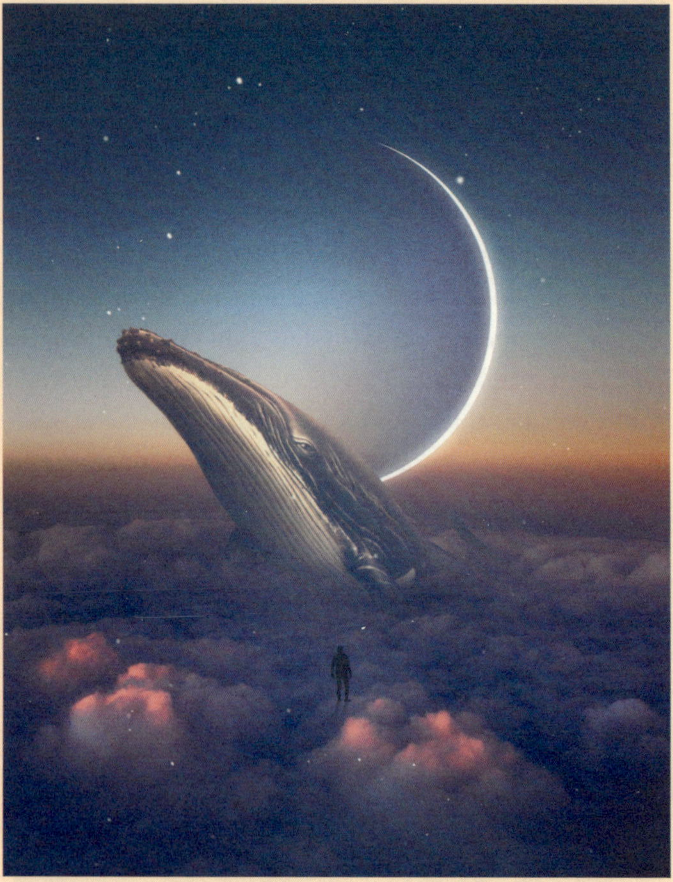

CAPÍTULO 3

Quando nos sentimos esgotados e desanimados

Pequenas felicidades certeiras

Quando perguntei ao pessoal de Seul o que estava rolando por lá ultimamente, disseram que esse papo de que só se vive uma vez já era. Eles tinham gastado mais do que tinham porque "só se vive uma vez", e agora estavam numa situação difícil. Por isso a nova onda era a ideia de encontrar "pequenas felicidades certeiras". Essa expressão foi cunhada pelo romancista japonês Haruki Murakami.

Murakami descreveu suas pequenas felicidades certeiras com exemplos específicos: "Partir um pedaço de pão quente que acabou de sair do forno e comê-lo; escutar música de câmara de Brahms assistindo às sombras que o sol da tarde projeta entre as árvores; uma gaveta repleta de cuecas perfeitamente dobradas e empilhadas." Às vezes as pessoas pensam que a felicidade só pode ser alcançada no futuro distante ou depois da conquista de algum grande objetivo. Em contrapartida, a ideia de uma pequena felicidade certeira sugere que deveríamos procurar alegria e felicidade nas pequenas coisas que fazemos no dia a dia.

Fico satisfeito em ver que as pessoas agora estão encarando a felicidade de um jeito novo. Antes tendiam a considerá-la o resultado de muitos anos de trabalho duro. Elas imaginavam que a felicidade só viria depois que entrassem numa boa universidade, encontrassem um emprego respeitável e bem pago ou comprassem a casa dos sonhos. Por outro lado, com as pequenas felicidades certeiras, não encontramos a felicidade apenas nos momentos mais importantes e afortunados da vida mas também no momento presente, apreciando as pequenas coisas.

Colocando de outra forma: as pessoas perceberam que a felicidade não precisa depender de muitos anos de luta e dificuldades; na verdade, basta saber apreciar a vida que você recebe neste momento. Isso implica que pode haver uma quantidade infinita de felicidade fora das convenções padronizadas porque cada indivíduo pode decidir onde encontrar a própria felicidade. Para alguns, o aroma fragrante de café fresco pela manhã é um momento de paz e felicidade, enquanto, para outros, pode ser o calor do sol em sua pele, a visão de flores na primavera, a sensação de um cobertor aconchegante num dia frio ou simplesmente ficar com seu bichinho de estimação depois do trabalho. Em outras palavras, a felicidade está facilmente disponível se estivermos dispostos a desacelerar e prestar atenção para apreciar o que está bem diante de nós.

É claro que se casar com a pessoa que se ama, dar à luz e ser promovido a um cargo de alto nível são fontes importantes de felicidade. O senso de conquista e satisfação que sentimos quando alcançamos esses marcos da vida é imenso. Por outro lado, se pensarmos que *apenas* esses eventos marcantes podem nos trazer a verdadeira felicidade, vamos acabar passando a maior parte da vida correndo atrás deles. E quando alcançarmos um desses objetivos, sempre haverá outros esperando por nós. Portanto, nunca será o bastante, e sempre estaremos ocupados. Para piorar as coisas, se não alcançarmos esses objetivos, podemos sentir que todo o esforço foi em vão. Por outro lado, com pequenas felicidades certeiras, podemos sentir a felicidade com muito mais frequência na vida cotidiana, até mesmo por meio de uma delicada brisa da primavera acariciando a nossa pele.

Quando tento lembrar de ocasiões em que experimento pequenas felicidades certeiras, vários exemplos me vêm à mente. Primeiro, ao ouvir meus programas musicais favoritos na rádio pública coreana. Gosto especificamente do programa "Toda a música do mundo inteiro". Sempre que toca alguma boa canção que eu nunca tenha ouvido, eu me sinto rico de coração, como se tivesse tropeçado por acidente num tesouro oculto.

Também gosto de andar pelo parque do meu bairro todas as manhãs. Há um banco marrom, onde sempre me sento, que é cercado por lindos carvalhos. Quando me sento ali por um momento para observar a luz do sol brilhando nas folhas e ouvir o canto dos pássaros, me sinto muito abençoado e contente. Toda vez que tenho muita coisa na cabeça, vou até esse banco e medito um pouco. Sempre me sinto como se tivesse dado um *reset* na minha mente, como um piano que acabou de ser afinado.

Pegar alguns poucos livros novos na livraria e folheá-los também é uma grande fonte de felicidade para mim. Os livros me levam a viajar por novos mundos que eu nem sabia que existiam. A experiência é indireta, mas amplia meu conhecimento e aprofunda meus pensamentos. Naturalmente, quando encontro um bom livro por acaso na livraria local, meu coração pula de alegria.

Passar um tempo com meus amigos é outra pequena felicidade certeira. Os encontros francos e repletos de afeto com amigos que me veem não como um mestre zen ou um autor conhecido, mas um ser humano comum, me dão conforto e força para permanecer calmo e sereno mesmo ao enfrentar as armadilhas inesperadas da vida.

Foi Goethe quem disse que se você tem ar fresco, luz do sol, água limpa e o amor dos seus amigos, não há motivo para se decepcionar com a vida? Quanto mais envelheço, mais essas palavras ressoam em mim.

*

A fragrância de lilases comichando
no meu nariz quando ando,
a visão das montanhas num dia
claro e límpido de outono,
uma música linda que escuto no rádio pela primeira vez,
uma cadeira numa livraria que me permita sentar e ler,
uma mensagem de um amigo em quem estive pensando,
o precioso tempo livre quando
termino o trabalho mais cedo.
Quando você sente pequenas felicidades como essas?

*

Quando sua mente ficar tranquila,
você vai ver coisas que não havia notado ainda,
tanto dentro de você quanto no mundo.
E então vai sentir que já é muito rico.

*

Se você encara a felicidade como uma
questão de apreço, não de posse,
muitas coisas que você não pode possuir
– como o raio de sol no seu quarto,
a risada das crianças, um abraço amoroso,
as cores da folhagem do outono,
um pôr do sol deslumbrante, os sons
calmantes do jazz à noite ou
a vitória do seu time de futebol – podem
trazer felicidade à sua vida.
O que importa é você ser capaz de
desacelerar e apreciar a vida.

*

Se estiver tranquilo, sentindo-se relaxado,
todos que você encontrar na rua vão parecer
agradáveis e simpáticos.
Mas se estiver ocupado e estressado,
até a pessoa mais deslumbrante de todas
será apenas um obstáculo em seu caminho,
e você passará por ela sem notá-la.

✳

O objeto do nosso foco,
qualquer que seja ele,
vai influenciar nosso estado de
espírito geral.
Se nos concentrarmos em
flores primaveris,
nossa mente ficará linda e brilhante.
Mas se nos demorarmos pensando
no que deu errado,
nossa mente ficará sombria e
deprimida.
Portanto, precisamos ter
bastante cuidado
na hora de escolher em que
prestaremos atenção.

✳

Numa tarde de primavera, eu caminhava sem pressa
por um caminho em que flores de
cerejeira caíam sobre mim,
enquanto escutava "Shower the People", do James Taylor.
A harmonia da música e das flores flutuando
no ar era mágica.

✳

Podemos levar a vida de dois jeitos diferentes.
Uma vida centrada no fazer ou
uma vida centrada no ser.
Na vida do fazer, sentimos que nossa vida
só tem valor quando conquistamos algo significativo.
Na vida do ser, sentimos que nossa vida
já tem valor e é sagrada, conectada a
todo o Universo e à fonte do amor.

✳

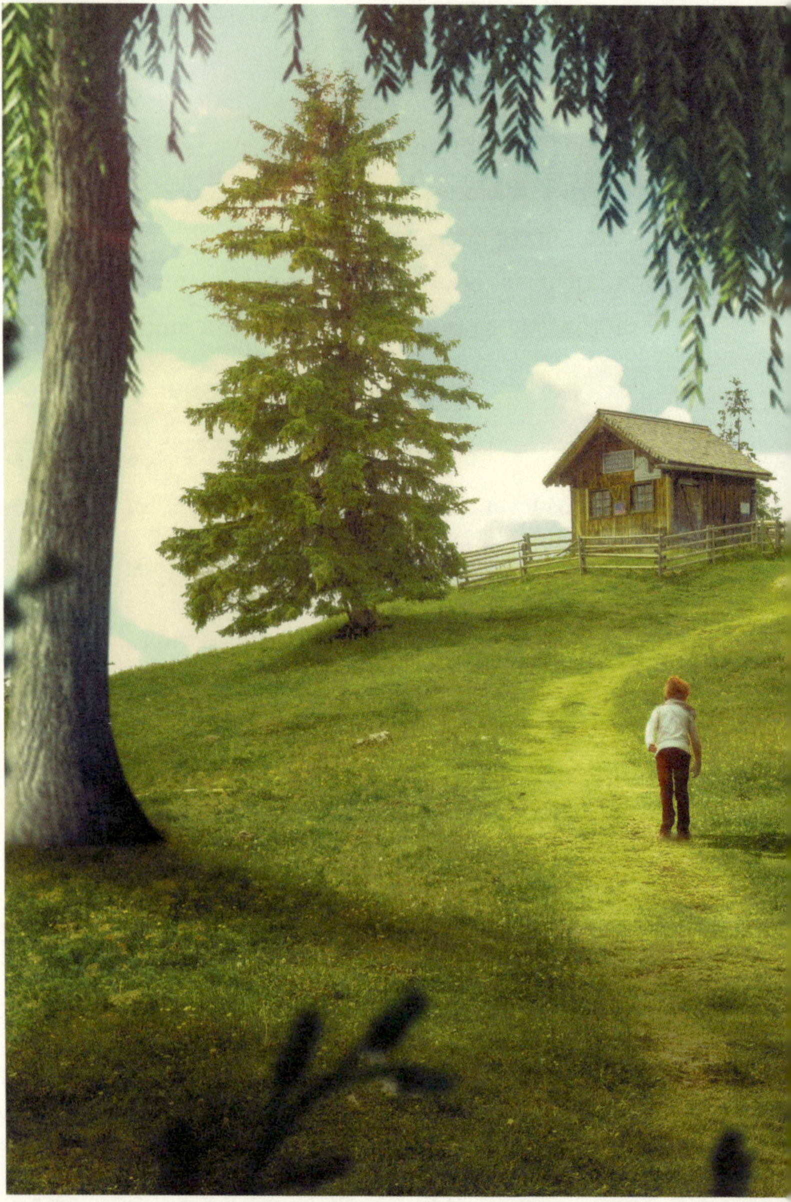

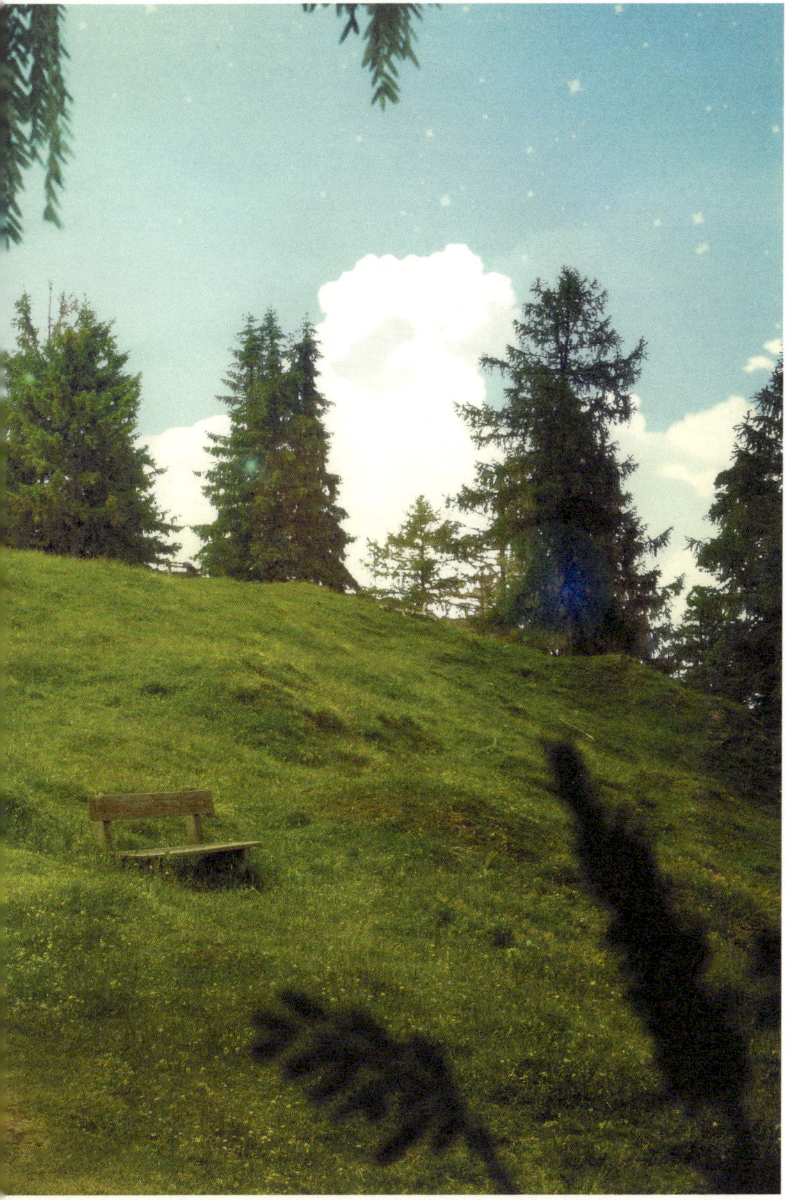

Enquanto a vida do fazer busca a felicidade
num futuro distante,
a vida do ser a descobre na sensação relaxada
de apenas ser.
Você encontra paz, felicidade e amor
quando busca menos
e aprecia o que já está aqui agora.

*

Examine a sensação no seu corpo à medida
que inspira e expira.
Ao respirar fundo, toda a tensão em seu
corpo começa a derreter,
deixando você sentir tranquilidade,
abertura e conexão.
Sempre que se sentir sobrecarregado ou desconectado,
volte à sua respiração para retomar a serenidade e o foco.

*

Se você quer muito alguma coisa,
a energia desse desejo o deixa tenso e desesperado.
Deixe o resultado por conta do Universo,
respire fundo e sorria.

✼

No mundo dos monges zen,
um ótimo elogio que você pode fazer é:
"Aquele monge está com a mente muito descansada."
Ele soltou tudo e se deu conta de sua
verdadeira natureza.

✼

Se você olhar de perto a mente com gratidão,
vai encontrar claridade e calma lá dentro.
Se você olhar de perto a claridade e a calma,
vai encontrar as qualidades da atenção e da serenidade.
É por isso que aqueles que sentem gratidão
meditam bem.

✼

Se for capaz de controlar sua ambição, você
não vai ultrapassar seus limites.
Se não ultrapassar seus limites, você não vai
prejudicar sua saúde.
Se a sua saúde estiver boa, sua mente ficará
equilibrada com facilidade.
Se sua mente estiver equilibrada, você
encontrará felicidade nas pequenas coisas.

*

Se você estabelecer a riqueza material
como seu maior objetivo na vida,
pode acabar cheio de dinheiro, mas
com uma existência solitária.
O dinheiro precisa fluir como um rio para brilhar.
Se parar de fluir, ele começa a azedar.
Compartilhe-o com os outros e receba mais do que deu.

O sucesso pode ser medido não
apenas pela sua riqueza
mas também pela qualidade do seu sono.
Há um número surpreendente de
pessoas "bem-sucedidas"
que não conseguem dormir
profundamente
por estarem com a mente
ansiosa demais.

＊

Eis aqui sete dicas para um sono melhor:

1. Separe quinze minutos para a preocupação.
Se está com problemas para dormir por
causa de pensamentos ansiosos,
separe quinze minutos todos os dias
para a preocupação deliberada.
Anote todas as suas preocupações
e os planos de ação possíveis.
Ao terminar, respire fundo algumas vezes e vá dormir.
Assim não precisa mais ter medo
de esquecer suas tarefas.

2. Encontre três coisas pelas quais sente gratidão.
Se terminar seu dia com pensamentos gentis,
você se sentirá melhor e terá um sono mais
profundo, com o coração quentinho.

3. Leia um livro e escute música tranquila.
A luz azul das telas dos smartphones e da TV
inibe a produção de melatonina, o hormônio do sono.
Troque-as por um livro ou uma música calma.

4. Diminua as luzes duas horas antes de ir para a cama.
Se você reduzir a intensidade das luzes
duas horas antes de ir para a cama,
seu corpo vai se preparar para dormir.

5. Não tome bebida alcoólica.
Se pegar no sono após beber, você
vai acordar no meio da noite
e demorar para voltar ao sono profundo.

6. Tome um banho quente noventa
minutos antes de ir para a cama.
Conforme seu corpo quentinho e relaxado for esfriando,
será mais fácil pegar no sono.

7. Diminua a temperatura do seu quarto.
O ar quente atrapalha o sono.

*

Faz uma grande diferença para o seu corpo se
você dormir seis ou sete horas por noite.
Se dormir uma hora a menos, há uma
chance maior de comer em excesso e
desenvolver depressão. Pode ser que
também tenha dificuldade
em se concentrar e interagir com as pessoas.
Então você deveria dormir cedo
pelo bem do dia de amanhã.

*

Muitas pessoas confundem animação com felicidade.
Embora a animação possa ser arrebatadora,
ela não é sustentável nem tranquila.
A felicidade sustentável está alicerçada na paz.
– Thich Nhat Hanh

※

Para aqueles que não dormem o
suficiente durante a semana,
dormir mais no fim de semana
pode ajudar a aliviar
um pouco o déficit de sono.
Portanto, dê a si mesmo
permissão para curtir uma manhã
de sábado preguiçosa!

✼

Pessoas com muito sucesso costumam
sofrer com angústia e ansiedade
pela preocupação em manter o que conquistaram.
Em vez de pensar apenas no que pode vir a ganhar,
preveja as coisas que pode perder ao alcançar o sucesso.
Mesmo que consiga concretizar suas
ambições transbordantes,
o sucesso também pode prejudicar
sua saúde, distanciá-lo de
familiares e amigos e lhe roubar todo o seu tempo livre.

✼

Pode ser que sejamos capazes de amar o mundo,
mas não podemos possuí-lo.
Se encararmos as coisas pela escala de
tempo do Universo,
nós, humanos, estamos aqui há apenas uns
pouquíssimos minutos.
Pare de explorá-lo e comece a cuidar dele
como um guardião.

✼

O mundo tem o suficiente para suprir as
necessidades de todos,
mas não tem o suficiente para suprir a
ganância de todos.
– Mahatma Gandhi

*

Quando me concentro nas coisas que não tenho agora,
minha vida fica marcada pela escassez.
Mas quando me concentro nas coisas que já tenho,
minha vida fica marcada pela gratidão.

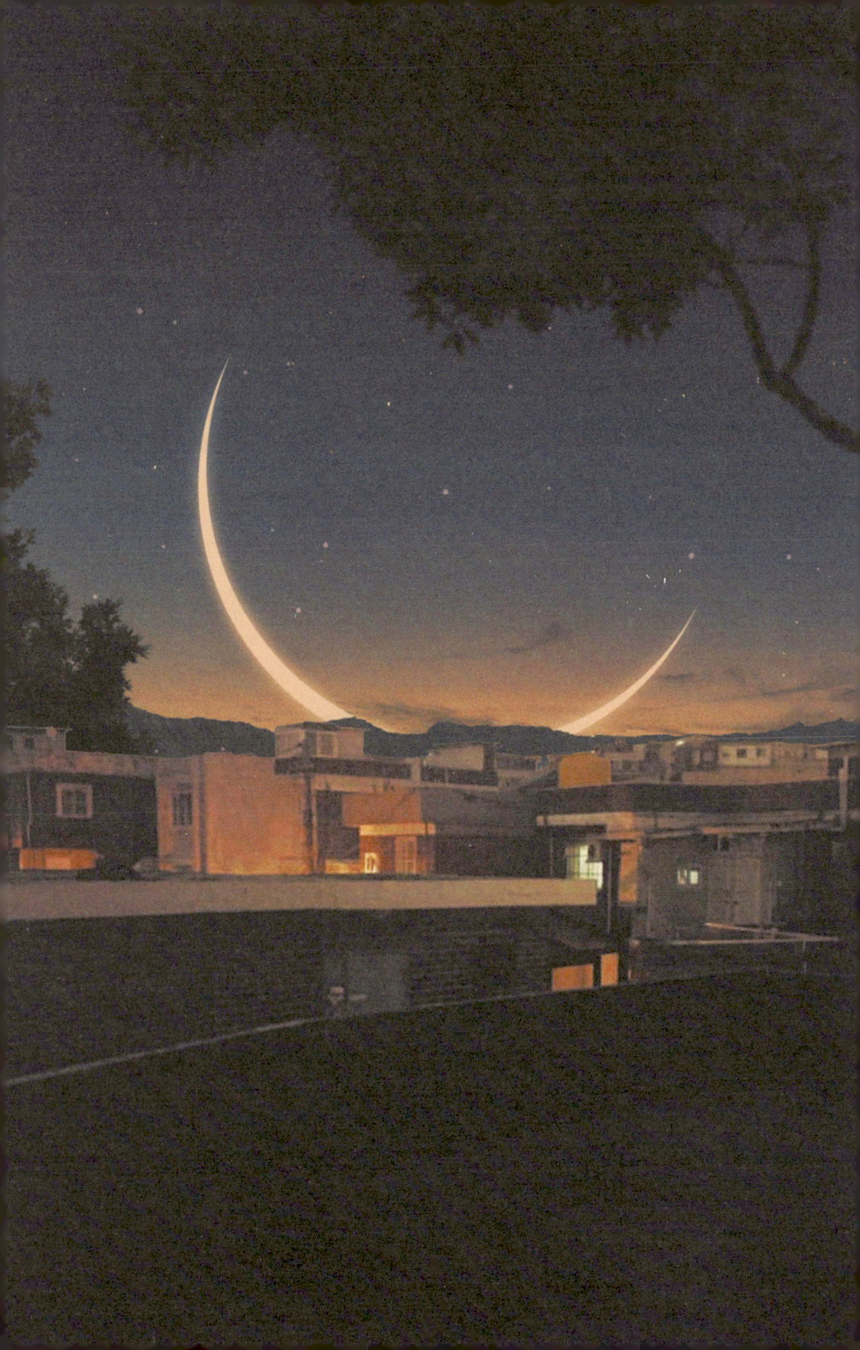

Onde é seu refúgio?

Você tem seu próprio local de refúgio? Um lugar onde pode ficar sozinho, recobrar o fôlego e passar um período de silêncio e cura quando a vida está te desgastando? Acredito que todo mundo precisa ter um refúgio para chamar de seu, aonde possa ir para se recuperar quando tiver sido ferido e estiver se sentindo esgotado na batalha da vida.

O Templo Mihwang, uma linda comunidade budista no extremo sul da península coreana, se tornou meu refúgio. Não faz muito tempo, eu tinha acabado de dar uma palestra na cidade de Gwangju. Talvez por conta do tempo quente e úmido, eu estava me cansando com facilidade e perdera o apetite, mas, quando fui conferir a agenda, fiquei grato ao ver que havia alguns dias reservados para o descanso. Então me encaminhei para o meu local de cura, o Templo Mihwang. É necessário se preparar para viajar até lá, porque a comunidade fica no "fim do mundo", no condado de Haenam – uma longa jornada. Porém, por mais difícil que seja chegar, é incrivelmente gratificante.

Para começo de conversa, o Templo Mihwang é muito lindo. As Montanhas Dharma, que circundam o templo como se fossem um biombo, deixam maravilhados todos que veem seus majestosos picos rochosos apontando para o céu como lanças. Só de olhar o salão principal do templo, cujo aspecto é ainda mais elegante e natural porque a tinta de cores brilhantes foi descascando ao longo do tempo, já fico com a mente tranquila. O Buda que reside lá dentro não tem uma aparência nem um tamanho opressivos; é familiar como um de nossos próprios ancestrais. Em torno do salão principal, hortênsias azuis e roxas exibem suas flores mesmo durante o verão quente, e se você andar mais um pouco pode prestar suas homenagens aos discípulos iluminados do Buda no salão menor.

Quando as pessoas se deparam com a beleza, sua mente preocupada naturalmente descansa e se abranda. Simplesmente ver o pôr do sol resplandecente no Templo Mihwang já silencia uma mente ruidosa e deixa a beleza da cena entrar. Imagine sentar no piso de madeira do salão de um templo com um amigo próximo e assistir ao sol se escondendo sob a linha do oceano, entre as ilhas espalhadas no mar do sul. Sair do salão após a cerimônia de manhã cedo e ver espirais de nevoeiro subindo pelas Montanhas Dharma, a lua tão perto no céu azul que parece estar pendurada nos beirais do salão, já basta para suavizar os corações mais endurecidos e torná-los sadios novamente.

Também gosto do Templo Mihwang por causa das pessoas boas que encontramos lá. O abade do templo, Kumgang Sunim, já passou dos 50, mas parece mais jovem do que nunca. Ele recebe cada um dos visitantes muito bem, com toda a espontaneidade do mundo. Afinal, todos viajaram de muito longe para chegar lá. Como ele poderia não ficar comovido? Ele é generoso com seu tempo e seu esforço, oferecendo chá e frutas a todos e ouvindo suas histórias com seu ótimo senso de humor. Todos que trabalham no escritório do templo, talvez por seguirem o exemplo do abade, são gentis e atenciosos também.

Durante o tempo que estive descansando por lá, quatro viajantes europeus haviam chegado para um programa que incluía a hospedagem no templo. Não eram turistas do tipo que vai ao país para fazer compras nas lojas de departamentos de Seul, mas viajantes experientes que haviam se aventurado até um templo no "fim do mundo" para vivenciar a cultura tradicional da Coreia. Talvez tenha sido por isso que nossas conversas foram tão profundas e interessantes. Eles contaram que já haviam visitado a Ilha Ulleung, Mokpo e o Monte Sokri, que são locais populares entre os coreanos, mas não tanto entre visitantes estrangeiros. Quando lhes perguntei se gostavam da comida no templo, disseram que era deliciosa e fazia a pessoa se sentir mais saudável só de comê-la.

Ao visitar os aposentos do abade, vi uma pintura com

sua caligrafia, que dizia: "Uma grande e delicada mão me protege." Isso me lembrou de que não estamos aqui sozinhos. Quando as coisas ficam difíceis, a vida pode parecer solitária e sem sentido, como se tivéssemos sido jogados no mundo por conta própria, mas isso não é verdade. O mundo é mais do que somos capazes de ver com os olhos. Embora seja invisível para nós, há uma força benevolente, conhecida como a natureza do Buda, o amor de Deus ou a inteligência e a compaixão infinitas que cercam todos nós.

NO ENTANTO, QUANDO estamos completamente esgotados, pode ser difícil sentir isso, por causa da exaustão física e mental. Sentimos que não estamos no controle da nossa vida e é desafiador encontrar motivação e positividade. Se você estiver se sentindo assim, recomendo que faça uma viagem curta para algum lugar bonito, mesmo que apenas para passar a tarde. Saia das áreas já conhecidas e deixe que o novo ambiente estimule seus sentidos. Passe algum tempo na natureza, experimente novos pratos e vá a lojas e museus interessantes. Se estiver viajando com um ente querido, seja mais espontâneo e use esse tempo para ter uma conversa franca e sincera. Ao tirar esse tempo para recarregar e se reconectar, pode ser que você volte se sentindo renovado e mais preparado para lidar com os desafios.

Se algum dia tiver a oportunidade de ir ao Templo Mihwang, você não vai se arrepender. O canto dos pássaros, os ruídos vivazes dos insetos, o ar refrescante da manhã e o som do sino reverberando delicadamente por todo o terreno do templo – tudo isso vai acelerar você em seu caminho para a cura e a autodescoberta. Enquanto estiver tomando o chá quentinho oferecido pelo abade sob as lindas Montanhas Dharma, suas preocupações e sua inquietação vão desaparecer como o sol se pondo, e você encontrará seu verdadeiro eu outra vez.

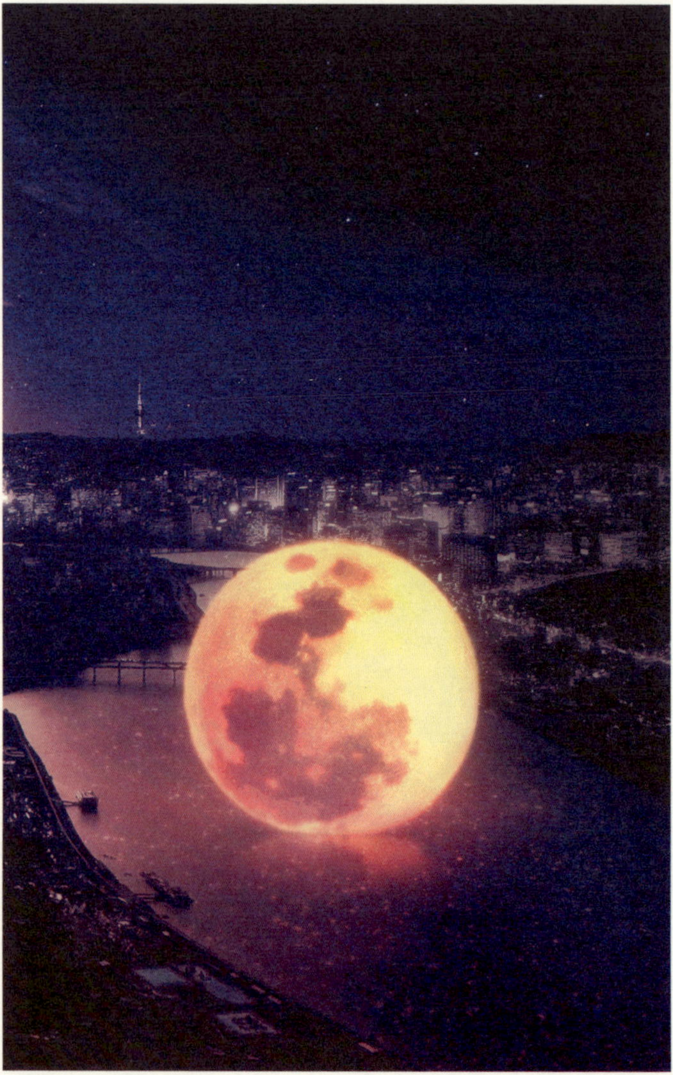

✻

Montanhas transformadas num mar de
folhas verde-claras,
flores primaveris brotando aos pés das cerejeiras em flor,
a luz da lua e das estrelas no céu claro da noite;
se você olhar ao redor, a beleza está em todos os lugares.

✻

Num lugar lindo,
tudo que há dentro de você parece valioso.
Quando sua autoestima estiver no fundo do poço,
tire um tempo para buscar um lugar lindo
e passe algum tempo por lá.
Você se verá de um jeito diferente e
redescobrirá seu valor e sua beleza.

✻

Quando estamos na natureza imaculada
ou num cômodo lindo,
nossa mente relaxa instantaneamente e sentimos que
tudo é delicioso e único, inclusive nós mesmos.
Talvez nos tornemos agressivos e endurecidos porque
raramente experimentamos algo imaculado e lindo.

✳

Descubra uma pedra preciosa escondida
na sua cidade, que só você conheça.
Pode ser um cantinho aconchegante num café local,
um refúgio tranquilo sob uma árvore alta e grandiosa,
um assento confortável na sua livraria preferida ou
um ponto de vista privilegiado de uma
obra de arte querida num museu.
Visite esse lugar com frequência e tire um
tempo para se reconectar consigo mesmo.

✳

A maneira mais fácil de deixar seu espaço
lindo é se livrar da bagunça em casa.
Jogue fora os itens em que você não toca
há muito tempo
e se assegure de manter em seu devido
lugar as poucas coisas que sobrarem.
Você pode começar descartando comidas
fora da validade, jornais velhos, fitas VHS,
tênis surrados, meias sem par e tralhas aleatórias.
Isso vai transformar seu espaço num lugar
valioso e lindo.

✻

Outra dica para transformar um espaço
num lugar valioso:
não use vários itens similares ao mesmo tempo,
mesmo que ganhe um novo de presente.
Você não precisa usar três pastas de dente
ao mesmo tempo.
Quando acabar a da vez, tire a outra do armário.
Isso vai evitar a bagunça.

✻

A sabedoria nos permite perceber
a simplicidade em meio à complexidade.
A beleza nos permite reconhecer
a complexidade em meio à simplicidade.

✻

Você se encontra
perdendo-se
no serviço aos outros.
– HERMAN HARRELL HORNE

Nós, seres humanos, desejamos encontrar
significado e propósito em nossa vida.
É mais fácil encontrar o verdadeiro
significado não por meio da
busca por ganho pessoal,
mas por meio do serviço aos outros.
Quando ajudamos alguém,
começamos a sentir o significado e
o propósito da nossa existência.

✻

Minha ansiedade cede e meu bem-estar melhora
quando abro mão das minhas tendências autocentradas
e me preocupo sinceramente com o bem dos outros,
oferecendo apoio e ajuda onde sejam necessários.

✻

Quando o momento está difícil porque as
coisas não estão saindo como você quer
ou quando você está frustrado por não
conseguir ver a solução de um problema,
crie bom karma realizando pequenos atos de bondade.
Por exemplo, ofereça elogios às pessoas à sua volta,
faça uma doação, mesmo que pequena,
para uma causa significativa
ou ajude a resolver o problema de alguém.
Embora essas coisas não estejam diretamente
relacionadas aos seus problemas,
elas incrivelmente vão ajudá-lo de
uma forma meio misteriosa.

✻

Tudo neste mundo é interconectado
e interdependente.
Portanto, realizar um ato de bondade
fortalece essa conexão,
levando a uma sensação de felicidade
que é a nossa própria natureza.

*

Se você quer ser feliz, experimente fazer
as coisas de um jeito diferente.
Na volta para casa, vá por um caminho
diferente do habitual.
Experimente pedir um novo prato
em vez do mesmo de sempre.
Encontre uma música nova para ouvir.
Mude os móveis da sua casa de lugar.
Experimente um livro de um gênero que não costuma ler
e compre flores frescas para colocar na mesa.
Nós nos sentimos felizes quando
experimentamos novidades positivas.

✽

Doze pequenas coisas que me
trazem felicidade:

1. Yoga na manhã de sábado.
2. Fazer guacamole.
3. Encontrar uma cafeteria nova e legal.
4. Flores frescas na minha mesa de trabalho.
5. Um cômodo limpo e organizado.
6. Ouvir uma palestra inspiradora.
7. Uma volta preguiçosa pela floresta.
8. Me voluntariar para um sopão comunitário.
9. Falar com a minha mãe ao telefone.
10. Cozinhar o jantar com amigos íntimos.
11. Curtir a tranquilidade muito
cedo pela manhã.
12. Tomar um banho relaxante de
banheira lendo um livro.

❋

Se igualássemos a felicidade a "sensações de prazer",
passaríamos uma parte muito grande da vida
não sendo felizes.
Dizem que os gregos antigos definiam a felicidade como
"a alegria que a pessoa sente ao se esforçar
para manifestar o próprio potencial".
Atualmente você está trabalhando para realizar
seu pleno potencial?
A felicidade é encontrada nessa jornada.

❋

Se você quer ser jovem de coração, aprenda algo novo.
Não importa a sua idade; ao se tornar um estudante,
você vai experimentar muitas centelhas de
alegria com o aprendizado
e se sentir jovem de coração.
Você também vai aprender a
ficar feliz sem precisar depender dos outros.

❋

O aprendizado leva ao crescimento.
O crescimento leva à felicidade.

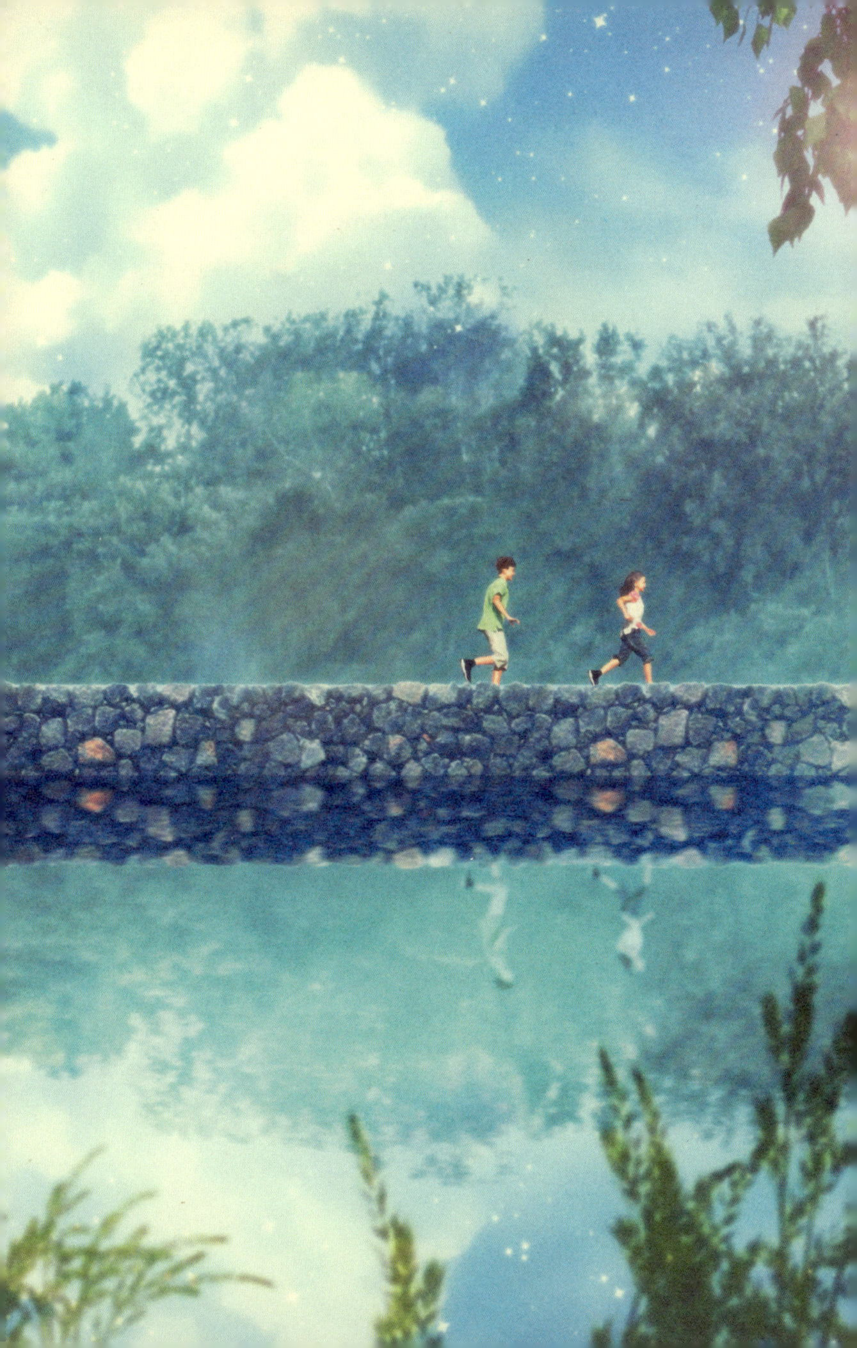

❋

Aquele que sabe aproveitar o tempo que passa sozinho,
sem depender dos outros, é uma pessoa livre.
Ter muito tempo não torna uma pessoa
necessariamente livre.

❋

Se você está com dificuldade numa tarefa maior,
dê o melhor de si às tarefas menores diante de você.
O que pode fazer agora são pequenas coisas,
e essas pequenas coisas se acumulam para a tarefa maior.

❋

O seu começo parecerá modesto,
mas o seu futuro será de grande prosperidade.
– Jó 8:7

✳

Nós nos tornamos felizes
não por enfim termos alcançado
o que queríamos,
mas porque enfim relaxamos e
paramos de procurar.

*

A qualidade de uma pizza é determinada no momento
em que você dá a primeira mordida.
Em geral isso depende
de a massa ter sido bem preparada para criar a crosta.
Só se ela for fiel ao básico de uma boa massa de pizza
é que os outros ingredientes poderão brilhar.
Se os seus negócios vão bem,
é porque você não negligenciou o básico.

*

Criamos na nossa mente um sistema
com várias "condições" para sermos felizes.
Pensamos que se essas condições forem
atendidas, finalmente seremos felizes.
Mas a verdade é que você só é infeliz porque
tem essas condições.
Elas produzem a sensação de escassez na
sua mente e o impedem
de experimentar toda a beleza e a felicidade
do momento presente.

Encontrando a paz numa mente inquieta

FIQUEI FELIZ QUANDO um amigo da escola com quem eu não falava havia muito tempo me procurou. Ele me contou que tivera sorte e fora promovido a sócio em sua empresa de contabilidade. Falou com humildade, dizendo que havia sido sortudo, mas eu sabia quanto ele tinha trabalhado para chegar aonde chegou. Esse amigo sempre foi inteligente e esforçado desde muito novo, então pensei que era natural que coisas boas acontecessem na vida profissional dele. Quando me disse que queria me convidar para jantar, eu aceitei de bom grado e combinamos de nos encontrar. Eu queria bater papo sobre os velhos tempos e parabenizá-lo pela promoção.

Havia duas tigelas de yakisoba e um único prato de panquecas de kimchi entre nós, o que era melhor que qualquer jantar chique. No calor abrasador do verão, aquele macarrão de trigo-sarraceno em caldo frio, com rabanete grelhado e cebolinha cortada bem fininha, não poderia ser mais saboroso. As panquecas de kimchi também eram um ótimo complemento ao macarrão frio. Ver meu amigo saborear seu yakisoba era outra alegria. Falamos sobre o momento dele.

Enquanto ouvia meu amigo, descobri que ser promovido a sócio numa empresa de contabilidade aos 40 e poucos anos era um feito impressionante. Ele me contou que a firma o tratava de modo diferente agora que superara uma barreira tão difícil, e lhe dera um carro da companhia e um escritório próprio, além de uma secretária para atendê-lo exclusivamente. Mas a expressão no rosto de meu amigo não era de tanta felicidade assim. Ele continuou e me contou que, após se tornar sócio, havia descoberto que havia diferentes escalões, e um sócio recém-promovido como ele não tinha qualquer autoridade. Ele precisaria subir uns dois cargos para ter algum poder real na firma. Antes pensava que só precisaria se tornar sócio, mas, além daquela montanha, havia outra, então ainda não estava satisfeito com sua situação.

Depois de ouvir tudo isso, eu não soube ao certo se deveria parabenizá-lo ou consolá-lo. Mas se você pensar bem, grande parte da nossa vida é assim. Equivocados, imaginamos que todos os nossos problemas vão desaparecer de algum jeito quando conquistarmos aquele objetivo muito desejado, e adentrarmos, triunfantes, o mundo que está além dele. No entanto, esse não é o caso. Nesse novo mundo também há regras, diferentes hierarquias sociais e discriminações sutis à espreita.

O MESMO ACONTECEU comigo. A princípio, pensei que só precisava deixar para trás o mundo secular, raspar a cabeça e me dedicar às práticas espirituais. Mas quando me tornei noviço depois de ser postulante por cerca de um ano, o passo seguinte para me tornar um monge ordenado me aguardava. Mesmo depois de devidamente ordenado, tive que passar por treinamentos, fazer várias provas e trabalhar incansavelmente para sair do quarto escalão e chegar ao primeiro. Experimentei emoções semelhantes como estudante também. Eu pensava que se ao menos pudesse estudar em Harvard, já seria muito feliz. Mas, uma vez aceito na universidade, me dei conta de que estudantes da graduação, alunos de Direito e o pessoal dos MBAs eram mais respeitados e bem-tratados do que alunos da pós-graduação da Escola de Divindade, como eu. Em outras palavras, só porque você entra no mundo com o qual tanto sonhou, isso não significa que a sua jornada terminou e você vai viver feliz para sempre.

Não estou dizendo que não deveríamos correr atrás de novos objetivos depois de conquistar o primeiro. No entanto, precisamos ter cuidado para não igualar a felicidade exclusivamente ao entusiasmo que acompanha a conquista de algo significativo. Se fizermos isso, o que acontece com os incontáveis dias e noites que passamos em busca dessas metas? Isso quer dizer que devemos ser só mais ou menos felizes no dia a dia? Além disso, essa mentalidade só faria sentido se o entusiasmo ao alcançar um grande objetivo durasse um longo período de tempo. Mas, como sabemos, não é esse o caso. Imediatamente começamos a ver novos objetivos maiores e melhores e saímos correndo atrás deles, em geral sem nem parar para descansar um pouco.

HÁ ALGO IMPORTANTE a ser descoberto aqui: se nosso objetivo supremo é a felicidade, não poderemos alcançá-lo enquanto nossa mente continuar inquieta, constantemente à procura de um algo a mais. Quando a mente para de procurar a felicidade do lado de fora e relaxa no momento presente, com frequência experimentamos o que estivemos buscando. Por exemplo, quando compramos uma casa, um carro ou uma bolsa que sempre quisemos, pode parecer que esses objetos externos nos tornaram felizes. Entretanto, se olhamos a fundo, percebemos que não foram esses objetos em si a causa da nossa felicidade, mas o sossego da nossa mente, que temporariamente parou de estar em busca de objetos. Se a felicidade e a tranquilidade viessem desses objetos, permaneceríamos felizes e tranquilos pelo tempo que os possuíssemos. Mas o fato é que isso não acontece, e logo começamos a buscar novos objetos.

Portanto, em vez de nos esforçarmos incessantemente para encontrar aqueles breves minutos de trégua, talvez o caminho mais rápido para a felicidade e a tranquilidade seja aprendermos a relaxar nossa mente no momento presente e a apreciar o que já temos. Em vez de viver com a premissa de que precisamos alcançar alguma grande conquista para sermos felizes, podemos praticar a gratidão agora e tomar consciência de como já somos abençoados. Podemos esperar a vida inteira por aquele momento perfeito de felicidade ou podemos dar uma folga à nossa mente, sempre em busca de alguma coisa, e descobrir que a felicidade está mais próxima do que imaginávamos.

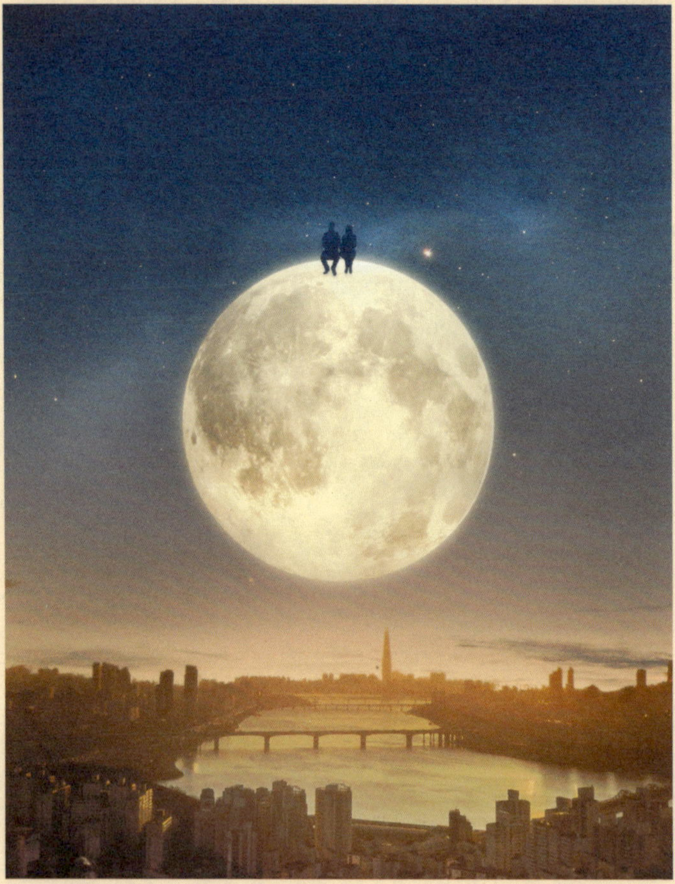

CAPÍTULO 4

Quando a solidão nos visita

Por que estamos solitários?

Por que as pessoas sentem solidão? Não é como se não tivesse ninguém à nossa volta – muitos de nós moramos com os pais, cônjuges ou filhos, e mesmo quem mora sozinho ainda vê os colegas de trabalho todos os dias e se comunica com eles. Mas mesmo quando vivemos cercados de gente, continuamos solitários. Ter dinheiro, poder ou fama também não significa que as pessoas estejam protegidas da solidão. Na verdade, quanto mais tem a perder, mais a pessoa fica na defensiva quando os outros se aproximam. O poeta coreano Sihwa Ryu certa vez escreveu: "Mesmo quando está ao meu lado, ainda sinto saudade de você." Esse verso expressa o fato de que, mesmo com outros ao nosso lado, ainda assim podemos sentir solidão. Por que isso acontece?

O psicólogo americano Carl Rogers, fundador da abordagem terapêutica centrada na pessoa, explicou por que os seres humanos são tão solitários. Temos medo de que, se mostrarmos quem realmente somos, os outros podem nos julgar ou mesmo rejeitar por nossos defeitos, em vez de nos acolher com aceitação. Apesar de desejarmos construir conexões mais profundas com as pessoas nos abrindo e mostrando nossa verdadeira face, não há garantia de que elas vão nos apoiar. Também há um risco de que elas possam até sair por aí espalhando nossos segredos. Por isso hesitamos em deixar que as pessoas realmente nos vejam e continuamos a usar máscaras sociais. Ao esconder nosso verdadeiro eu e interagir com os outros num nível seguro e superficial, não corremos o risco de ser criticados ou magoados por eles. No entanto, isso também significa que não conseguimos criar laços profundos e significativos em contatos desse tipo, então em geral acabamos com um sentimento de solidão em nossos corações.

É compreensível que, na escola ou no trabalho, não consigamos revelar com facilidade nosso verdadeiro eu, mas por que costumamos fazer o mesmo em relação aos nossos familiares, dentre todas as pessoas? Por que existem barreiras psicológicas entre pais e filhos, irmãos e cônjuges? De acordo com Carl Rogers, as barreiras psicológicas são criadas nas crianças quando seus pais não as tratam com aceitação e consideração incondicionais num ambiente seguro. Se esses filhos nunca tiveram a experiência de ser respeitados pelos próprios pais, é mais provável que venham a se tornar pais que julgam e controlam os pensamentos e comportamentos de seus filhos, tratando-os da mesma forma que foram tratados na infância. Para dar um exemplo, se um pai ou uma mãe só reconhece e elogia o filho ou a filha quando a criança age como esperam, ela vai começar a prestar cada vez menos atenção nos próprios sentimentos e cada vez mais nos desejos e instruções dos pais. Crianças criadas em ambientes desse tipo acham difícil expressar as próprias emoções livremente na frente dos pais e costumam reprimi-las. Elas se acostumam a esconder seus sentimentos e a agir como se nunca houvesse nada de errado.

Pode acontecer algo semelhante com irmãos e cônjuges. Como os familiares são muito próximos, podemos pensar que não é preciso ter boas maneiras ou que já sabemos tudo sobre eles. Por isso não sentimos a necessidade de ouvi-los. Quando nos tornamos adultos, também passamos menos tempo com nossos familiares e mais tempo com nossos amigos na escola e nossos colegas de trabalho. Gradualmente temos cada vez menos experiências compartilhadas e podemos acabar vivendo em mundos distintos. Por essas razões, muitas pessoas acham mais fácil se abrir com amigos do que com a própria família. Entretanto, ainda assim esperamos que nossa família fique ao nosso lado, entenda como nos sentimos e nos aceite com afeto quando revelamos nosso verdadeiro eu sem disfarces. Mas infelizmente não é sempre que isso acontece.

O QUE ACONTECERIA se a nossa família, em vez de nos julgar, realmente nos aceitasse? Assim não teríamos mo-

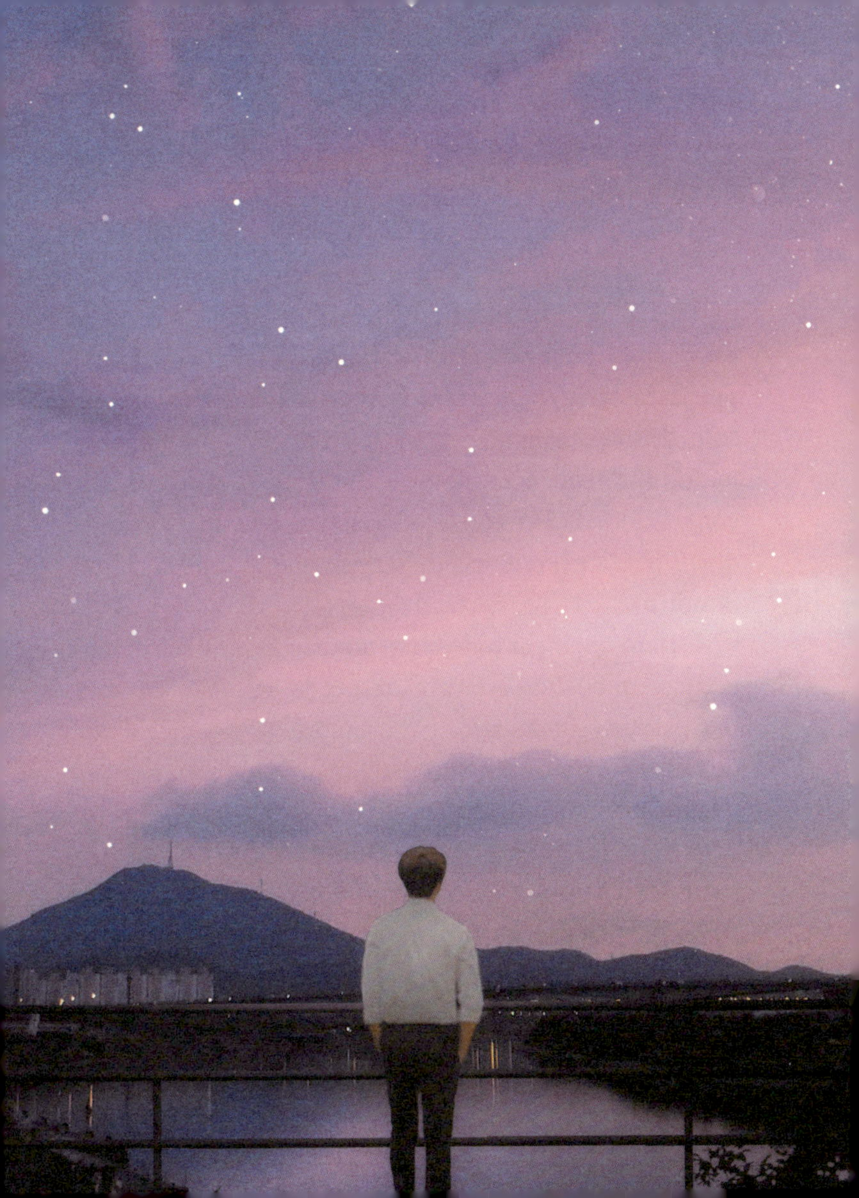

tivos para esconder nossos pensamentos e emoções atrás de uma máscara e poderíamos nos expressar sem medo. Crianças que crescem numa atmosfera desse tipo conseguem alcançar seu potencial com maior facilidade e prosperar na vida. Elas vão afirmar as próprias escolhas sem se deixar levar pelas opiniões dos outros. Mesmo que fracassem, vão aceitar a responsabilidade pelo fracasso e, depois de algum tempo, se recuperar. Elas também terão uma tendência maior a respeitar os outros e agir com consideração em relação a eles. Isso acontece porque quem teve a experiência de ser respeitado sabe respeitar os outros.

É claro que nem todos tiveram pais ou irmãos que os aceitassem quando estavam crescendo. Isso não significa que estejam condenados para sempre, pois nunca é tarde demais para criar bons relacionamentos com pessoas que nos aceitam e nos apoiam. Pode ser alguém que já foi mais longe na estrada da vida ou um amigo amoroso que sempre esteve ao seu lado. Se você não tem ninguém assim na sua vida, pode procurar um bom psicólogo ou terapeuta com quem se dê bem. Com a aceitação e o apoio de pessoas assim, é possível deixar de se importar tanto com as opiniões dos outros e estar mais confortável consigo mesmo.

Todos nós às vezes nos sentimos solitários, especialmente quando não conseguimos compartilhar com os outros o que realmente está acontecendo dentro da gente. Se alguma pessoa próxima tentar abrir a porta do próprio coração e compartilhar o que de fato está acontecendo, espero que você suspenda seu julgamento e ouça com atenção e afeto. E se você também conseguir abrir um pouquinho mais a porta do seu coração e deixar essa pessoa ver você de verdade, ela vai abrir a porta ainda mais e vocês vão conseguir desenvolver um relacionamento mais profundo e significativo.

*

Nós, seres humanos, desempenhamos múltiplos
papéis na vida;
você pode ser mãe, esposa, filha, irmã, tia,
sobrinha, amiga,
chefe, colega, cliente, professora, aluna, vizinha, etc.
Mas só conhecemos um ou dois papéis
de cada indivíduo.
Então, mesmo que pense que conhece bem alguém,
na verdade você conhece apenas uma
pequena parte dessa pessoa.

*

Enfrentamos dificuldades nos nossos relacionamentos
porque não desejamos tanto entender a outra pessoa,
mas temos uma necessidade enorme de
sermos compreendidos por ela.
Então pedimos ao outro que nos escute
por um momento,
mas nenhum dos dois escuta de verdade,
cada um tentando apenas dizer o que quer dizer.
Como consequência disso, elevamos a
voz e nos afastamos ainda mais.

*

Eu disse que estava solitário.
Ele respondeu que todo mundo está solitário.
Essa não era a resposta que eu esperava.
Agora estou mais solitário que antes.

*

Quando são empáticos comigo
e escutam de verdade o que tenho a dizer,
sinto uma conexão profunda.
Porém, se continuam a repetir a opinião deles
sem tentar entender meu ponto de vista,
mesmo depois de muitas horas de conversa,
fico emocionalmente esgotado e me sinto sozinho.

*

Se houver neste mundo uma pessoa que o aceite como é,
você será capaz de manter a sanidade e
encontrar coragem para seguir em frente.
Se você estiver sofrendo por ainda não
ter encontrado essa pessoa,
procure um psicoterapeuta de quem goste.
Amigos podem interrompê-lo, mas um bom terapeuta
vai ouvir com interesse e uma mente
receptiva até você terminar de falar.

*

Quando nosso corpo não está bem,
procuramos um médico sem resistir.
Mas quando nossa mente não está bem,
resistimos a procurar um especialista,
achando que de alguma forma podemos
resolver o problema sozinhos.
Isso pode tornar a condição pior do que precisa ser.

✻

Estamos solitários não por não
haver pessoas ao nosso redor,
mas porque nosso coração está
fechado a elas.
Tenha a coragem de se abrir e
falar com elas primeiro.
Você terá a surpresa de descobrir
quantas coisas vocês têm em comum.

❋

Pessoas desconfiadas acham difícil confiar nos outros,
e por isso permanecem isoladas e sozinhas.
Pessoas convencidas acham difícil se
misturar com gente "comum",
e por isso permanecem isoladas e sozinhas.

❋

Se os pais respeitam a si mesmos e levam as coisas
com humor mesmo em situações difíceis,
seus filhos podem ter uma boa autoestima
e se tornar adultos felizes.
Por outro lado, se os pais de alguma forma
sentem vergonha de seus filhos,
não importa a situação financeira ou a
qualidade da educação que oferecem,
os filhos poderão enfrentar problemas
psicológicos quando crescerem.

✳

Cada um de nós, na nossa vida, está criando
sua versão única de uma dança própria.
Fracasso, decepção e mágoa fazem
parte dessa dança também.
Se os pais tentam dançar pelos filhos
para poupá-los da dor,
a certa altura o filho vai precisar aprender
a dançar por conta própria.
Lembre que a dança é do seu filho, não sua.

✳

Nossas intenções podem ser puras e dignas,
mas podemos fazer mais mal que bem aos outros.
Isso se deve ao equívoco de acharmos que
o que foi bom para nós deve ser bom para os outros.
Então, antes de fazer algo por outra pessoa,
pergunte a si mesmo se ela realmente quer isso.
Fazer por outra pessoa algo que ela não queira
vai fazer mais mal que bem.

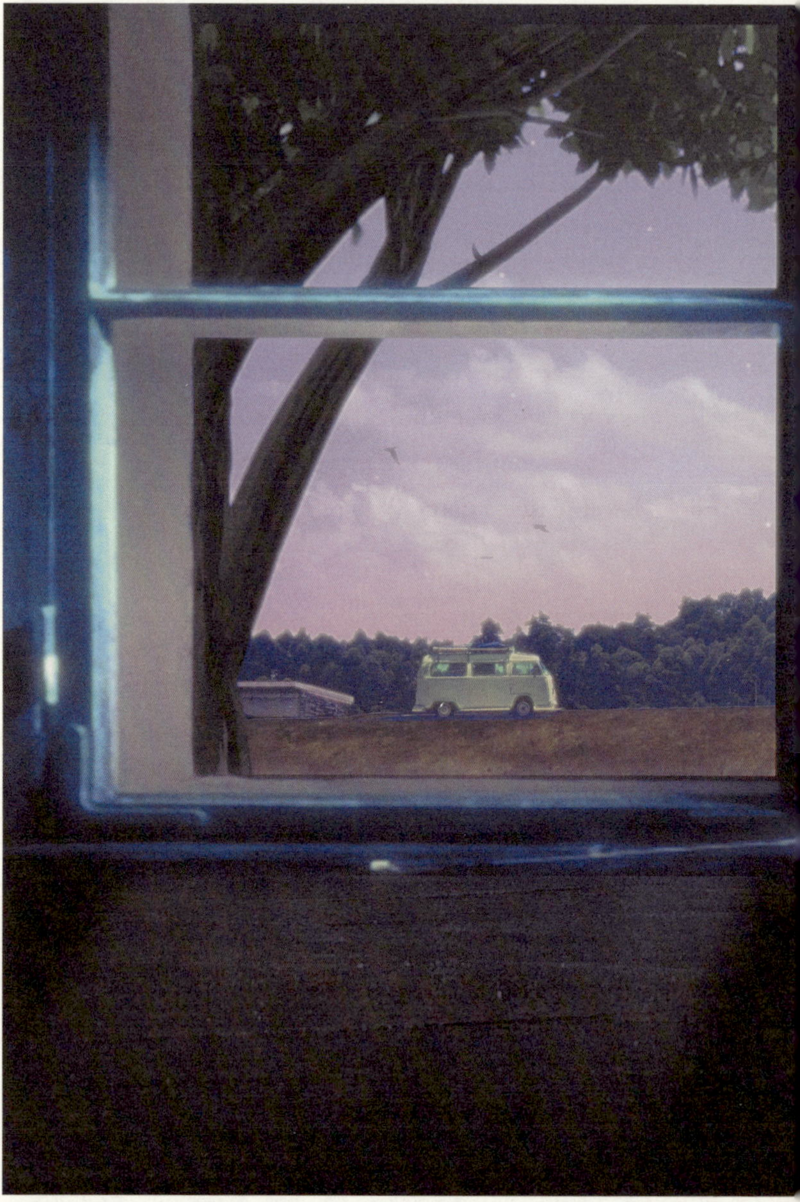

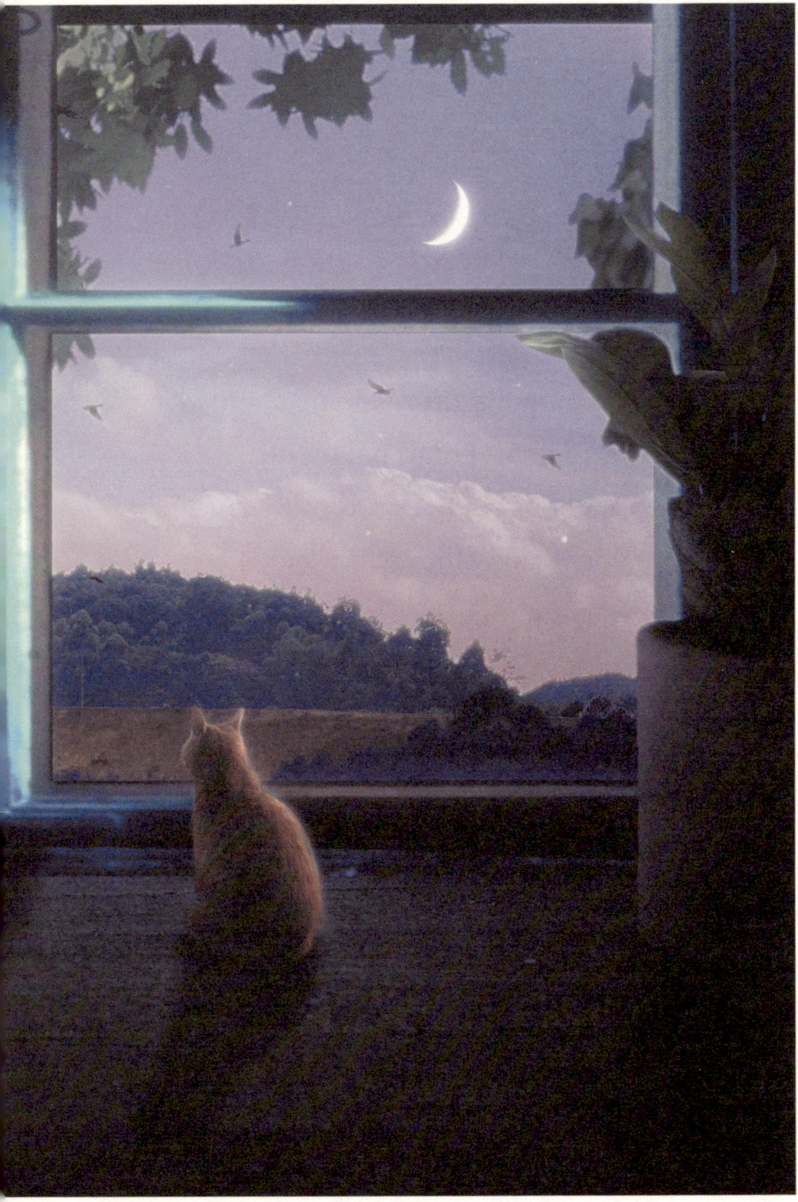

Não é bom assumir responsabilidades
demais como pai ou mãe
e tentar resolver os problemas
de seus filhos já crescidos.
Igualmente não é bom se culpar
por todos os problemas dos seus filhos.
Não devemos nem podemos
ser responsáveis pela vida
de outra pessoa,
mesmo que sejam nossos filhos.

❋

Se você implorar a seu pai ou sua mãe
que amava mais seus irmãos e irmãs
que lhe dê mais amor e atenção,
é provável que ele ou ela arrume desculpas e não mude.
Não tente mudá-los, porque isso pode
magoar você mais ainda.

❋

Quando entendemos nossos pais não mais
como nossos pais,
mas como pessoas capazes de errar,
só então nos tornamos adultos.

❋

As pessoas se comportam de um jeito
estranho de repente
quando se sentem ansiosas e amedrontadas.
Se alguém que você conhece está agindo de um
jeito fora do comum,
veja se você lhe provocou ansiedade ou
medo sem querer.

✼

Há uma diferença entre solidão e solitude.
Solidão é estar só, mas precisando de alguém,
enquanto solitude é estar só, mas se sentindo sereno.
A situação é a mesma, mas, dependendo
do seu estado de espírito,
você pode se sentir extremamente solitário
ou perfeitamente livre e contente.

✼

Solidão é a pobreza do ser;
Solitude é a riqueza do ser.
– MAY SARTON

✼

Você pode estar só e aproveitar a liberdade da mente.
Mas se começar a não gostar mais de estar só
e sentir a necessidade de estar com alguém,
isso instantaneamente se transforma em solidão.

✼

Estar só tem inúmeras vantagens.
Podemos aumentar nossa produtividade
e nos concentrar no nosso desenvolvimento pessoal.
Temos a oportunidade de nos conectar
com nossos pensamentos íntimos
e de tomar decisões cruciais sem a
influência das opiniões de terceiros.
Podemos nos entregar a atividades que
nos trazem alegria em vez de
nos conformar aos desejos dos outros.
Por fim, estar só reforça nossa independência
e elimina a necessidade de arrumar
desculpas para os outros.

*

A melhor coisa no mundo é
saber pertencer a si mesmo.
– Michel de Montaigne

*

Costumamos interpretar o tédio como solidão.
Mas se o interpretarmos de outro ponto de vista,
o tédio é um tempo livre repleto de
inúmeras possibilidades.
Você não precisa se considerar solitário
só porque não tem nada para fazer.

✻

Nossa angústia não vem da realidade dada,
mas da interpretação que nossa mente faz dela.
A realidade é formada de dados
brutos, e é tarefa da mente
lhe dar significado. Portanto, dependendo
da sua interpretação,
a mesma realidade pode ser sentida de
formas totalmente diferentes.
Se você conseguir, interprete-a de
uma forma benéfica.

*

Embora não possamos mudar
acontecimentos que já passaram,
temos o poder de controlar a
interpretação que fazemos deles
e nossa reação a eles.
Podemos considerar o malfadado evento
o ponto de virada que estivemos
esperando para
transformar nossa vida para melhor.

❋

Costumo dizer a mim mesmo:
"Poderia ter sido pior.
Felizmente, não foi tão ruim assim.
Sou grato por não ter sido tão ruim assim.
Para o meu próprio bem, não terei
ressentimento pelos outros.
Viverei o resto da minha vida com gratidão."

❋

Há inúmeras formas pelas quais
Deus pode nos tornar solitários
e nos conduzir de volta a nós mesmos.
– Hermann Hesse

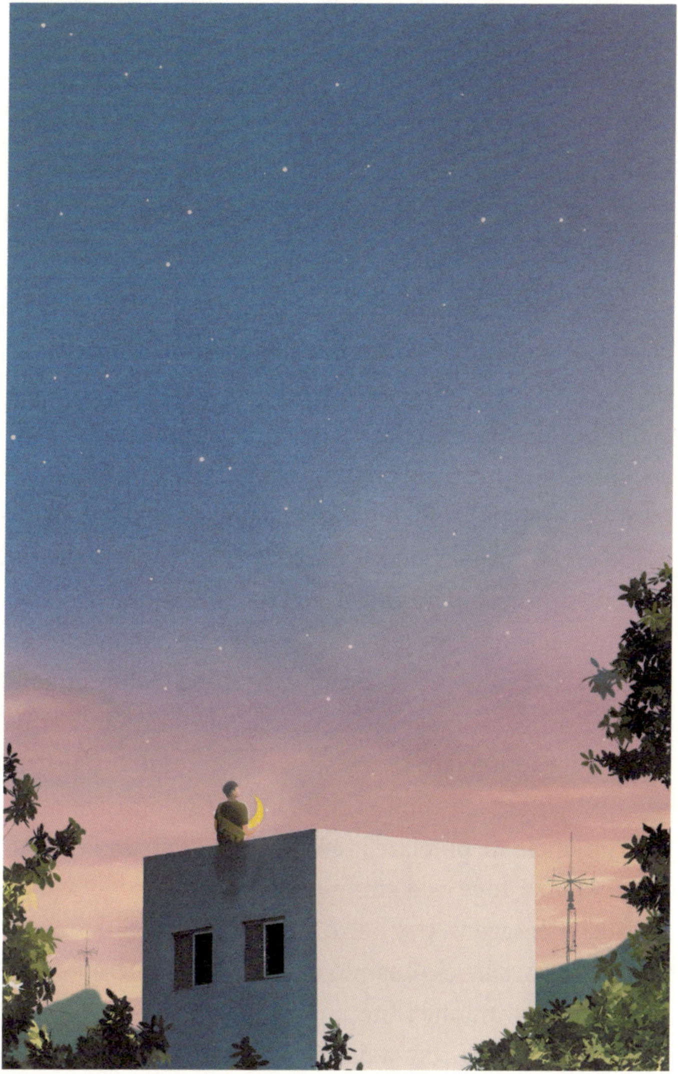

A nova era de estar "sozinhos juntos"

Não sei você, mas eu prefiro me comunicar por mensagens de texto a falar ao telefone. Pensei em qual seria o motivo disso. Acho que é porque as mensagens não apenas são convenientes como são também menos intrusivas. Quando meu telefone toca, sou forçado a parar o que estou fazendo no momento para atendê-lo. Se estou conversando com outra pessoa, tenho que me desculpar e acabar com o papo. Se estou comendo, tenho que soltar a colher e me levantar da mesa de jantar para atender a ligação. E o telefone tocando pode irritar os outros, sobretudo em locais silenciosos como um teatro, uma biblioteca ou uma sala de aula. Há também a inconveniência de precisar ir até outro lugar para falar em particular se você está em público.

Já as mensagens, por outro lado, posso checá-las e respondê-las em silêncio quando me sobra algum tempo. Não preciso mudar minha situação imediatamente nem conciliar minha agenda com a do interlocutor. Também é mais fácil ser breve e objetivo usando mensagens, e assim dá para economizar aquele tempo que, numa ligação, é gasto com os cumprimentos iniciais. Também dá para enviar a mesma mensagem para diversas pessoas ao mesmo tempo através de um chat em grupo, sem precisar telefonar para cada uma para transmitir o mesmo recado. Esse tipo de comunicação se tornou muito mais natural e prevalente com o desenvolvimento de aplicativos para smartphone, de forma que as mensagens se tornaram o meio de comunicação preferido no cotidiano da maioria das pessoas.

Por outro lado, só porque falar por mensagem é mais conveniente e todo mundo faz isso, será que é realmente melhor? Vivemos olhando para o nosso telefone e trocando mensagens com as pessoas, mas estranhamente ainda nos sentimos sozinhos. Podemos adentrar o mundo da internet e entrar em contato com qualquer conhecido a qualquer hora, não importa onde estejamos – tudo isso praticamente de graça. Mas de alguma forma parece haver muito mais gente sofrendo de isolamento e solidão hoje em dia. O que terá acontecido para nos levar a essa situação tão irônica?

SHERRY TURKLE, PSICÓLOGA social no MIT, se refere à nossa condição como estarmos "sozinhos juntos". Ou seja, podemos até dividir o mesmo espaço, mas a mente de cada um vai para um lugar diferente por meio de diferentes apps no celular. Com frequência vemos nossos filhos no mesmo cômodo que nós olhando para o telefone, jogando algum joguinho, trocando mensagens com os amigos ou absortos nas redes sociais em vez de interagindo face a face. O mesmo se aplica aos adultos. Em meio a uma reunião no local de trabalho ou numa refeição compartilhada com os amigos, quando há um único momento de tédio, sacamos nosso telefone para checar novas mensagens ou diferentes apps.

A professora Turkle afirma que essa conexão via internet é diferente da "comunicação" no verdadeiro sentido da palavra. Se uma das partes numa troca de mensagens se sentir desconfortável, a pessoa pode sair da conversa a qualquer momento, sem precisar pedir licença, o que torna essa circunstância significativamente diferente de uma conversa de verdade, na qual algo assim é impossível. Por exemplo, numa conversa de verdade, se digo algo e magoo o interlocutor, eu consigo ver a reação da pessoa e entender, a partir de sua expressão facial e da entonação de sua voz, quanto ela ficou magoada. Numa conversa por mensagens, porém, não é tão fácil perceber a dor do outro, uma vez que suas expressões e sua entonação não são perceptíveis. Mesmo que eu o tenha perturbado gravemente, não tenho como saber quanto o magoei. Além disso, se eu ficar irritado ou desconfortável com alguém, posso simplesmente bloquear a conversa.

Outro fenômeno novo trazido pelo uso de smartphones é o desconforto ou mesmo a ansiedade que podemos experimentar ao ficar longe do nosso celular. Nós nos sentimos vulneráveis como se tivéssemos saído de casa sem as calças. Quanto mais desenvolvemos o hábito de checar as mensagens constantemente ou ficar olhando a vida dos outros nas redes sociais, menos queremos ser deixados sozinhos sem uma conexão à internet. Quando mandamos mensagem a um amigo e ele demora a nos responder, parece que ele está nos ignorando ou mesmo que nos abandonou, e torna-se cada vez mais difícil suportar ficar algum tempo sozinho.

Perguntei à minha amiga Misuk Ko, que é uma célebre crítica cultural da Coreia do Sul, por que tanta gente acha meio incômodo falar ao telefone ou se encontrar pessoalmente, mesmo quando muitos se sentem solitários. Ela respondeu que isso acontece porque, embora desejem se conectar umas com as outras, as pessoas não querem se sentir desconfortáveis nem suportar inconveniências. Por exemplo, para encontrar alguém pessoalmente, primeiro precisamos escolher um horário e um lugar, depois precisamos nos arrumar antes de sair, pagar o custo da refeição ou do café e escutar a pessoa falar durante algum tempo. Se pensarmos sobre o assunto, o processo como um todo exige bastante esforço. E como não queremos gastar esse tanto de tempo e energia, optamos por deixar o encontro de lado e usar a facilidade do nosso celular para manter contato. Outro bom exemplo é terminar um relacionamento por mensagem. Fazer isso é conveniente e seguro, já que você não precisa ver a decepção nem a raiva da outra pessoa. Assim você também não se machuca tanto e se sente protegido.

No entanto, de acordo com a minha amiga, esse meio de comunicação nos rouba a oportunidade de experimentar o que há de belo e bom no contato face a face. A sensação de que estamos nessa juntos, o laço que sentimos à medida que vamos conhecendo o outro profundamente, a alegria que temos ao nos sentirmos compreendidos e respeitados, a experiência incrível de testemunhar vulnerabilidade e reconciliação, o compartilhamento de histórias íntimas e de informações importantes que normalmente não contamos aos outros – todas essas coisas só são possíveis quando encontramos o outro pessoalmente.

No FIM DAS contas, se realmente quisermos superar a nova solidão, acho que precisamos estar dispostos a passar por alguns inconvenientes e ter mais encontros cara a cara. Por que não combinar de encontrar aquela amiga para quem você disse "Vamos marcar de nos ver"? Além disso, também podemos praticar um detox de celular de vez em quando, saboreando o tempo que passamos sozinhos, seja lendo um livro, fazendo uma caminhada ou meditando em casa. Quando ficamos confortáveis tanto em nossa própria companhia quanto na companhia de outros, podemos encontrar paz e contentamento, não importa em que situação estejamos.

*

Quando eu era pequeno, costumávamos
esconder o diário
numa gaveta com chave para que os outros não o vissem.
A ironia é que hoje compartilhamos abertamente
todos os detalhes da nossa vida diária nas redes sociais.

*

As redes sociais foram criadas para conectar as pessoas.
E ainda assim as pessoas se sentem
mais isoladas e desconectadas
do mundo real do que antes. Irônico, não é?

*

Retomei o contato com um velho amigo
e nos encontramos para jantar.
No entanto, meu amigo levou com ele
um companheiro – seu celular.
Durante a nossa conversa, ele dividiu sua atenção
entre mim e seu companheiro, incapaz de se
concentrar completamente em mim.

*

Depois do advento dos smartphones,
ansiamos por estar mais próximos, mas
estar próximo é um pouco trabalhoso.
Você também se sente assim às vezes?

*

Trocamos mensagens de texto com amigos que
moram a milhares de quilômetros de distância,
mas não conseguimos nos comunicar com
nossos vizinhos, que estão do lado de fora.
Nós nos conectamos pela internet com indivíduos
que têm uma visão política semelhante à nossa,
e ainda assim é desafiador encontrar alguém com
quem dividir nossas emoções cotidianas.
Essa é a era em que vivemos.

*

Se não é algo que se possa dizer a alguém cara a cara,
devemos pensar duas vezes antes de postar
nas redes sociais.
Uma crítica descuidada pode magoar muito alguém.

*

Certa vez postei nas redes sociais uma foto bonita
que eu havia tirado durante uma caminhada no Canadá.
Depois de ver a foto, todo mundo começou a falar
sobre quanto estava com inveja de mim.
O que aquela foto não mostrava, porém, era
quantas eu tivera que deletar antes dela,
meu desespero para me livrar das moscas
até chegar àquele ponto, com aquela vista, e
quão faminto e cansado eu estava ao tirar aquela foto.

*

O que você preferia ter:
mil seguidores novos
ou um novo amigo genuíno?

Talvez estejamos solitários porque
esperamos demais de um amigo só.
Ele deve ser sincero, atencioso,
leal, inteligente e confiável.
Precisa ter hobbies, padrão de
vida e visão política similares.
Não surpreende que nos sintamos
solitários. Se houver uma área em
que esse amigo
combina com a gente, devemos
encontrá-lo e compartilhar
nossa área de interesse. Se procurarmos
amigos que combinem
em todas as áreas, vamos continuar
solitários por muito tempo.

❊

Quando penso sobre a minha vida
com seriedade, parece que
meu melhor amigo muda a cada sete ou dez anos.
Se você e seu melhor amigo se afastaram
e você se sente solitário – talvez
porque ele tenha se mudado,
se casado, trocado de emprego ou só
ficado tão ocupado que não tem
tempo para ver você –, espere um pouco.
O Universo vai mandar um novo
melhor amigo se você pedir.

❊

Um repórter que conheceu muita gente
bem-sucedida me disse certa vez:
"Pessoas de sucesso são assim porque, não importa
quanta gente conheçam, elas nunca se cansam."
Novas oportunidades e ideias são descobertas
quando falamos com as pessoas.

❊

Se você realmente quer melhorar a sua vida,
não espere passivamente que alguém venha mudá-la.
Em vez disso, procure ativamente
pessoas que possam guiá-lo.
Quando você der o primeiro passo,
o Universo vai responder.
Se não bater à porta, ela vai continuar fechada.

❖

Não conhecemos as pessoas quando elas vêm até nós;
precisamos ir até elas para descobrir como elas são.
– Johann Wolfgang von Goethe

❖

Não é que ela seja uma má pessoa,
ela só não combina com você.
Até uma boa pessoa, se não combinar,
pode acabar virando uma má pessoa para você.

❖

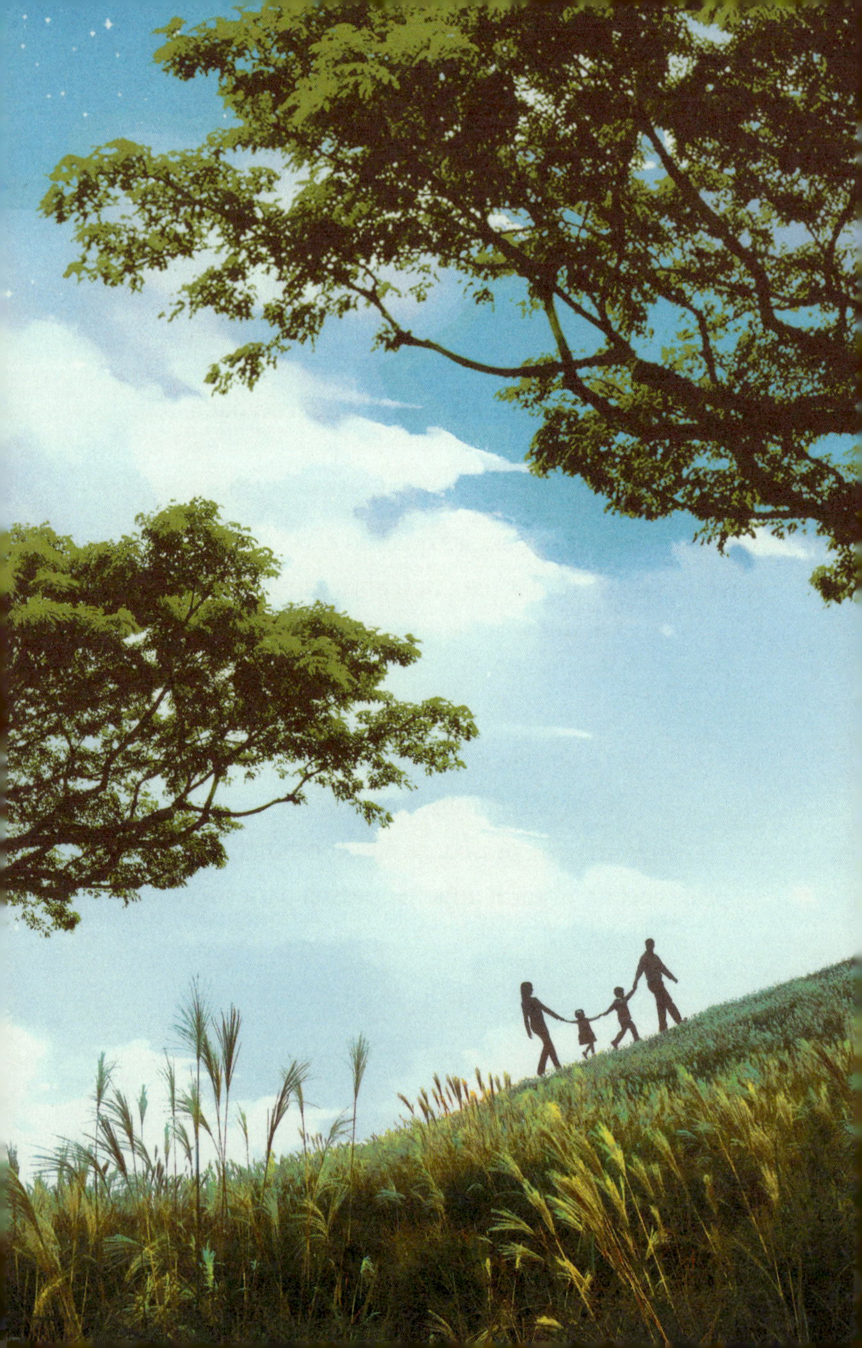

É difícil trabalhar com alguém
cuja personalidade é oposta à sua.
Em vez de tentar mudar sua personalidade
para fazer amizade, concentre-se
em construir a confiança
por meio da qualidade do seu trabalho.
Pode levar tempo, mas depois de
construir essa confiança
será muito mais fácil trabalhar em conjunto.

*

Quando estamos com gente, queremos estar sozinhos.
Mas quando estamos sozinhos,
queremos estar com alguém.
Talvez o problema não seja estarmos sozinhos
nem haver muita gente à nossa volta,
mas nosso hábito de viver mudando de ideia,
sem querermos estar sozinhos quando estamos sozinhos
ou desconfortáveis quando estamos com outras pessoas.

*

Você tem estes pensamentos quando vai a um spa?
Quando entra na banheira quente,
deseja que estivesse 2 graus mais fria.
Quando entra na banheira fria, deseja que
estivesse 2 graus mais quente.

*

A causa fundamental da solidão não é estar sozinho.
Se fosse assim, sempre ficaríamos solitários
quando estamos sozinhos.
No entanto, há momentos em que nos sentimos
livres e tranquilos
mesmo quando estamos sós.

*

A solidão traz beleza à vida.
Ela joga uma luz especial no pôr do sol e
deixa o ar da noite mais cheiroso.
– Atribuído a Henry Rollins

Até tomar consciência de quem
você realmente é,
não importa quanto suas circunstâncias
e seus relacionamentos sejam bons,
você não será capaz de se livrar
da sensação de que falta algo,
de um sentimento sutil de vazio
e do anseio em seu coração.
Isso porque viver sem saber
de verdade quem você é
leva à ilusão de que você existe
independentemente
do resto do Universo. Até que consiga
sentir que você é
o Universo inteiro, nada vai
satisfazê-lo completamente.

A solidão como ela é

NÃO MUITO TEMPO atrás, tive uma sensação repentina de solidão numa tarde de sábado. Eu tinha o dia de folga e o clima estava bom, mas eu não tinha ninguém para encontrar e ninguém entrou em contato comigo. Normalmente, quando tenho uma brecha como essa na agenda, aproveito meu tempo sozinho lendo ou me exercitando, mas aquele dia foi um pouco esquisito. Realmente, eu poderia ter aliviado minha solidão procurando amigos e os convidando a almoçar comigo. Mas naquele dia eu não estava com ânimo para isso. Eu queria mergulhar mais fundo na sensação de solidão, entender suas causas principais e explorar formas efetivas de superá-la.

PARA COMEÇAR, EU me perguntei qual seria a causa fundamental da solidão. As pessoas costumam dizer que se sentem solitárias por não terem ninguém ao seu lado. Ou seja, o motivo da solidão é estarem sozinhas. Mas se você pensar bem, essa não pode ser a causa principal. As pessoas podem se sentir isoladas mesmo quando estão cercadas de amigos e familiares, então não acho que deixamos de estar solitários só porque estamos com alguém.

Outra razão que mostra que essa não é sua causa fundamental é que se assim fosse, todo o tempo que passássemos sozinhos viria acompanhado da dor da solidão. Mas isso não é verdade. Falando por mim, com frequência eu sinto que o tempo que passo sozinho é uma dádiva. Outras pessoas também já me disseram que quando estão sozinhas sentem-se alegres, livres e tranquilas, pois não precisam se preocupar com o que os outros pensam ou querem. No fim, é difícil dizer que a causa da solidão é simplesmente estar sozinho.

Qual poderia ser a causa então? Conforme continuei examinando minha própria mente, cheguei a uma pequena constatação: a sensação de solidão surgia quando eu pensava ser necessário encontrar alguém para me sentir melhor. Antes de pensar isso, eu estava muito bem. Mas, uma vez que esse pensamento surgia na minha mente, eu imediatamente sentia que estava faltando alguma coisa e desenvolvia uma espécie de resistência mental a estar só. Curiosamente, sempre que essa sensação de resistência surgia, eu me sentia muito solitário. Isso me levou a pensar que a solidão pode ser apenas uma forma de resistência mental à situação presente.

Em outra ocasião, cheguei a uma constatação diferente. Percebi que a minha mente estava interpretando o ócio e o tédio como solidão. Eu queria fazer algo com alguém para escapar do meu tédio interior. Assim que esse pensamento cruzava a minha mente, eu transformava o tempo que passo sozinho em algo difícil que precisava ser evitado. Em outras palavras, a solidão surgia não necessariamente da situação externa de estar sozinho, mas do pensamento interior sobre essa circunstância. Era a minha interpretação que estava fazendo com que eu me sentisse solitário.

SE NOS SENTIMOS solitários apesar de estarmos acompanhados, porém, a causa da solidão pode ser diferente. Em geral nos sentimos solitários em situações desse tipo quando achamos que ninguém está do nosso lado ou que ninguém está tentando nos entender. Quando achamos que aquele lugar não é para nós, não importa quanta gente esteja presente, nos sentimos isolados. Resumindo, é a ausência de conexão que faz com que as pessoas se sintam solitárias. Então a questão permanece: como restaurar a sensação de conexão?

A forma mais básica de fazer isso é mostrando aos outros seu eu genuíno. Todo mundo usa uma máscara social apropriada ao contexto. Você pode desempenhar o papel de chefe no trabalho, por exemplo, e aí, ao voltar para casa, o de mãe ou pai, esposa ou marido, nora, genro, filha ou filho. Para desempenhar bem esses papéis, não temos outra escolha senão mostrar apenas a parte de nós apropriada à situação e à pessoa com quem estamos. Mas se você quiser construir um relacionamento profundo e genuíno, precisará às vezes mostrar outras partes de si, como sua vulnerabilidade, sua fraqueza, sua malícia, sua inocência e seu humor. Então o outro vai lhe mostrar o eu genuíno que ele havia escondido por trás do papel que estava desempenhando. Naturalmente, vocês dois vão sentir uma conexão mais profunda e se aproximar ainda mais.

Se você se sente solitário por não ter absolutamente ninguém com quem passar algum tempo, deveria procurar oportunidades de conhecer pessoas. Eu recomendaria atividades como: um grupo de leitura, de caminhada, de prática espiritual, de crochê ou de dança. Algo que o interesse e que vá ajudá-lo a crescer em alguma área significativa para você. Pessoas mais velhas também poderiam procurar um centro comunitário local voltado aos idosos. Basta se esforçar um pouquinho para superar o desconforto inicial, e você logo vai conhecer pessoas com as quais gostaria de passar algum tempo.

Por fim, eu também recomendaria dar uma olhada nos números salvos nos contatos do seu telefone e procurar amigos com quem não fala há algum tempo. Eu acredito que estejamos sozinhos não por não termos amigos, mas por não fazermos o primeiro contato. Não se esqueça de que você precisa dar o primeiro passo, e aí então o mundo virá até você.

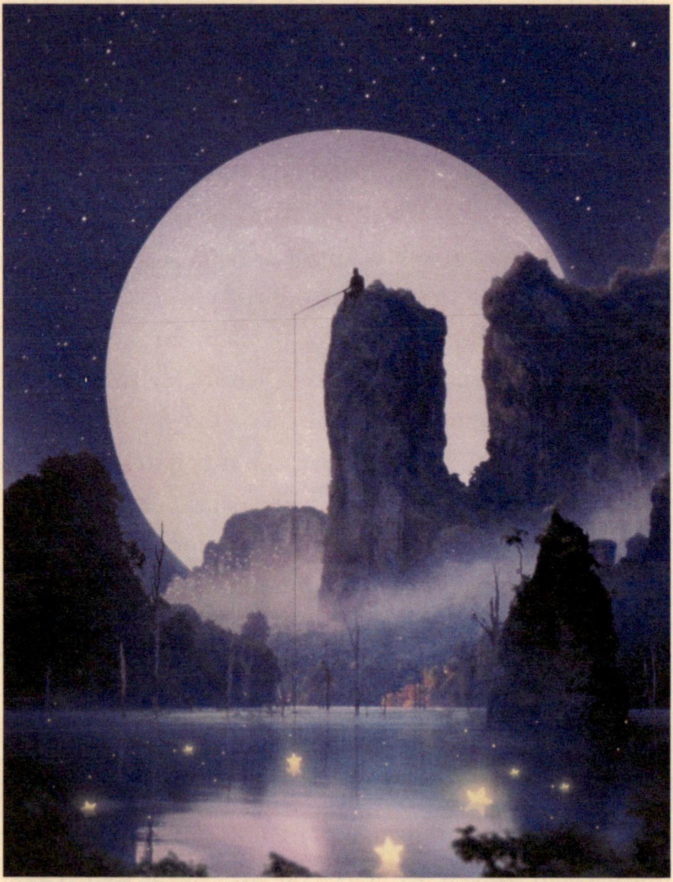

CAPÍTULO 5

Quando enfrentamos a incerteza

A coragem de dizer "Não consigo"

Recentemente fiquei comovido ao ouvir a recitação do poema "Coragem", do poeta coreano Lee Kyu-gyeong. Ele começa bem, com o verso inspirador "Você com certeza consegue":

> Você com certeza consegue.
> Foi o que as pessoas disseram.
>
> Você precisa reunir a sua coragem.
> Foi o que as pessoas disseram.
>
> Então fiz isso.
> Reuni minha coragem.
>
> Reuni minha coragem e
> disse:
> Eu não consigo.

O poema tem uma reviravolta surpreendente. Eu achei que o primeiro verso com certeza seria seguido de outros promovendo os valores da era industrial, como "Eu vou trabalhar duro, reunir minha coragem e triunfar sem falhar", mas em vez disso ele termina com uma confissão franca e pessoal: "Eu não consigo." Parecia que o poeta ia dizer que derramar sangue, suor e lágrimas em busca do sucesso é o único tipo de coragem. Mas reconhecer as próprias limitações, admitir que "eu não consigo" e aceitar que determinado caminho pode não ser o certo para você são atitudes que também exigem coragem.

Quando penso sobre isso agora, vejo que os sete anos que passei nos Estados Unidos dando aula de Estudos da Religião não foram tanto uma escolha deliberada baseada nos meus desejos pessoais, mas uma decisão inconsciente de seguir o caminho que as pessoas esperavam que eu seguisse. Quando eu estava na faculdade, só conseguia ver que os colegas que se graduaram antes de mim tinham se tornado professores. Eu nem sabia ao certo o que significava ser professor. Só queria ser reconhecido pelos meus colegas e orientadores. Então, antes que eu me desse conta, estava trilhando o mesmo caminho. Nesse momento importante, que decidiria o meu futuro, em vez de perguntar a mim mesmo o que eu queria, olhei para os lados para ver o que os outros estavam fazendo e fui atrás deles.

Porém, quando me tornei professor, descobri que isso era muito diferente do que eu imaginara. No mundo acadêmico, o mais importante não era dar boas aulas para os alunos. Para alcançar reconhecimento e promoções, eu precisava escrever o máximo de artigos acadêmicos, conseguir financiamentos para pesquisas junto a outras instituições e produzir obras que agradassem meus colegas mais experientes. E, mais do que tudo, todo mundo vivia terrivelmente ocupado. Viajar a conferências ao redor do globo para apresentar novos trabalhos e fazer contatos com outros estudiosos também era importante. Portanto, quanto mais bem-sucedido o professor era, mais tempo ele passava fora da universidade.

Ao entrar no meu quarto ano de atuação como professor, não dava mais para ignorar a verdade: eu não tinha o que era necessário para me tornar um acadêmico excepcional. Eu escrevia artigos, mas passava muito tempo me dedicando a eles. Minha natureza tímida e introvertida me impedia de ser proativo na hora de conseguir financiamentos e de efetivamente fazer contatos com outros estudiosos. Além disso, eu havia estudado religião porque queria seguir o caminho do despertar espiritual como o Buda, não porque quisesse escrever artigos excelentes. Então fui gradualmente perdendo o interesse pela vida acadêmica.

Um dos fatores mais importantes para a felicidade é nosso nível de controle sobre o rumo da nossa vida. Participar de atividades alinhadas com nossos desejos e necessidades individuais em vez de nos conformarmos às expectativas externas instila em nós uma sensação mais aguçada de domínio e direção, resultando numa existência mais feliz. Mesmo que uma atividade seja considerada prazerosa pela maioria das pessoas, se não tivermos controle sobre ela, ainda assim ela poderá nos parecer um grande esforço. Infelizmente, muitas pessoas se encontram nessa situação, porque lhes falta a coragem de dizer "Eu não consigo" ou "Esse não é o caminho certo para mim". Em vez disso, elas seguem as expectativas estabelecidas pelas pessoas que as cercam, sem trilhar o próprio caminho.

De acordo com o psicólogo Taekyun Hur, é importante aprender a desistir para ser feliz. Desistir não significa ser passivo, mas se permitir descobrir um novo caminho. Quando comecei a falar sobre desistir do meu emprego como professor e retornar a Seul para abrir uma ONG chamada Escola dos Corações Partidos, a maioria das pessoas à minha volta expressou preocupação e tentou me dissuadir da ideia. Para ser franco, eu também não tinha certeza a princípio. Eu tinha medo de que poucas pessoas se interessassem pelo nosso programa e se matriculassem; não sabia se gostaria de dar aula a alunos mais velhos. Mas agora, nem cinco anos depois, já existe uma nova filial da Escola dos Corações Partidos na cidade de Busan, e a organização se tornou um local significativo em que eu e outros instrutores conduzimos mais de 3 mil alunos por ano através de lições de cura e crescimento.

De vez em quando, depois de eu dar uma palestra, alunos vêm falar comigo com lágrimas nos olhos, expressando sua decepção por mais uma vez não terem passado em seus exames de qualificação e sua incerteza em relação ao que fazer a seguir. Depois de lhes oferecer um abraço afetuoso de apoio e de validar seus sentimentos, costumo dar o seguinte conselho:

Tudo bem dizer "Eu não consigo". Talvez este não seja o caminho certo para você. Se parar de seguir o que as outras pessoas estão fazendo e começar a se perguntar qual é o caminho certo para você, talvez fique mais feliz do que se tivesse passado no exame. Se você olhar em retrospecto daqui a dez ou vinte anos, poderá até mesmo dizer que não passar no exame foi a melhor coisa que lhe aconteceu. Foi uma bênção disfarçada! Então, mesmo que sinta que perdeu agora, reúna a coragem para explorar seu próprio caminho.

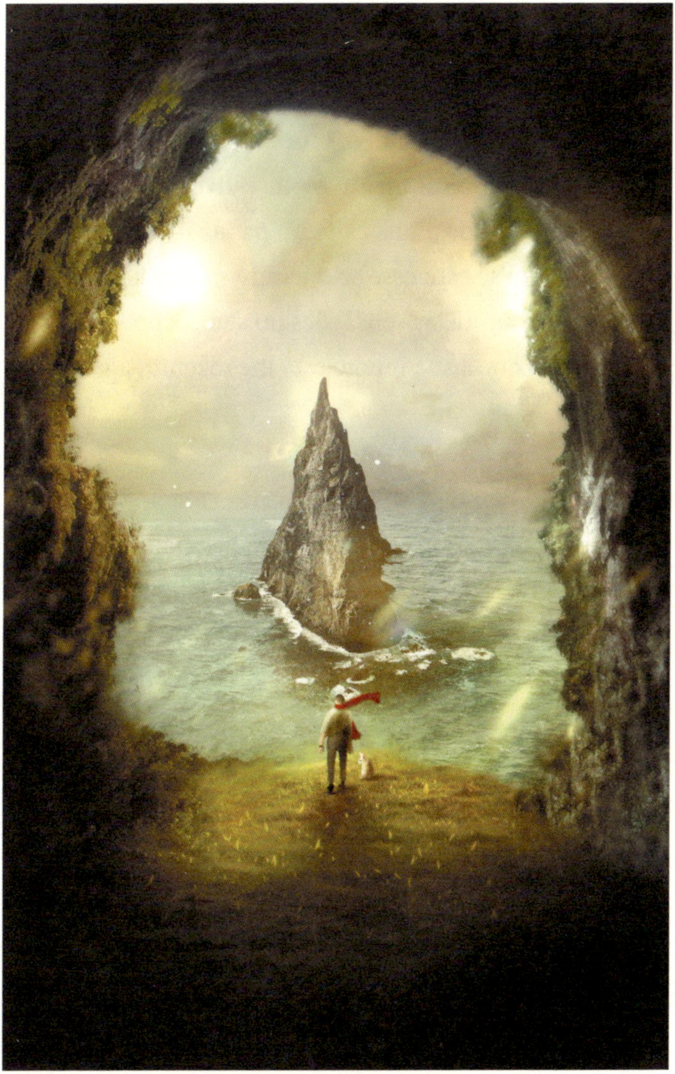

❊

Quando a vida ficar mais agitada e difícil,
dê a si mesmo a dádiva especial de uma pausa.
Pare por um momento o que estiver fazendo,
feche os olhos e dê um passo atrás.
Como se estivesse se olhando no espelho,
examine as sensações no seu corpo
e veja o que a sua mente está lhe dizendo agora.

❊

Quando sua mente estiver calma,
use o poder dessa calma para ver
se você precisa mesmo continuar o que está fazendo,
qual caminho é a direção certa para você
e o que realmente quer da vida.
A sabedoria nessa calma vai lhe dar as respostas.

❊

Quando as coisas não saem como a gente espera,
paramos por um momento e refletimos intimamente.
Com o novo que se revela nessa pausa,
tentamos outra vez, com determinação renovada,
tomar uma direção mais promissora.
É por isso que o fracasso com frequência serve
como a base do sucesso futuro.

*

Só porque algo que você desejava não aconteceu,
isso não significa que o seu esforço foi em vão.
A experiência e o conhecimento que você
ganhou no processo
serão úteis de outras maneiras, mesmo que
você tenha fracassado.
Se essas palavras não fazem sentido agora,
chegará o dia em que você será grato
por essa experiência.

*

Reúna a sua coragem e continue seguindo em frente.
Erros, fracassos e incertezas são fios na
tapeçaria da vida.
Se você está triste por não ter alcançado seu potencial,
use esse sentimento como motivação para voar
mais alto e explorar novas possibilidades.
O sucesso não é um ponto de chegada, mas
um processo contínuo de
aprendizado, adaptação, conexão e evolução.
Confie nos seus instintos para alcançar a grandeza
e não se contente com a mediocridade.

✻

Ficarmos apegados demais a um objetivo ou uma pessoa
pode nos levar a pensar que *apenas* eles
são os certos para nós.
Tente não ficar preso nessa mentalidade limitadora;
vivemos num mundo com múltiplas possibilidades
entre as quais escolher.
Quando um objetivo não dá certo, sempre
podemos estabelecer um novo.
Quando alguém não gosta de nós, podemos
procurar outra pessoa.

✻

Se alguma coisa não estiver dando certo,
não se agarre a ela por muito tempo
só por causa de todo tempo e esforço que
você já lhe dedicou.
Saber o momento certo de desistir é
uma forma de sabedoria.
Desistir representa não o fim, mas o início
de um novo caminho.

✻

Se você estiver obcecado demais em ser perfeito,
nunca conseguirá começar.
Se não começar, a tarefa parecerá cada
vez mais insuperável.
Dê o primeiro passo e relaxe. Você sempre
pode melhorar à medida que progredir.

✻

Se você não souber do que gosta,
vai desejar o que os outros desejam.
Como não terá parâmetros, você não terá alternativa
senão ir atrás do que todo mundo quer.
Infelizmente, esses desejos costumam ser caros,
ou haverá muita concorrência para alcançá-los.

✼

Abrimos mão de três quartos de nós mesmos
para sermos como as outras pessoas.
– Arthur Schopenhauer

✼

Em vez de seguir a multidão
e competir com os outros para ser o melhor,
por que não dedicar algum tempo a
descobrir algo que realmente
combine com você e que menos pessoas
estejam buscando?

✽

Mesmo com grande introspecção,
ainda pode ser difícil identificar
suas verdadeiras paixões.
Em geral, encontramos maior
clareza no processo
de encarar novos desafios e
falar com novas pessoas.

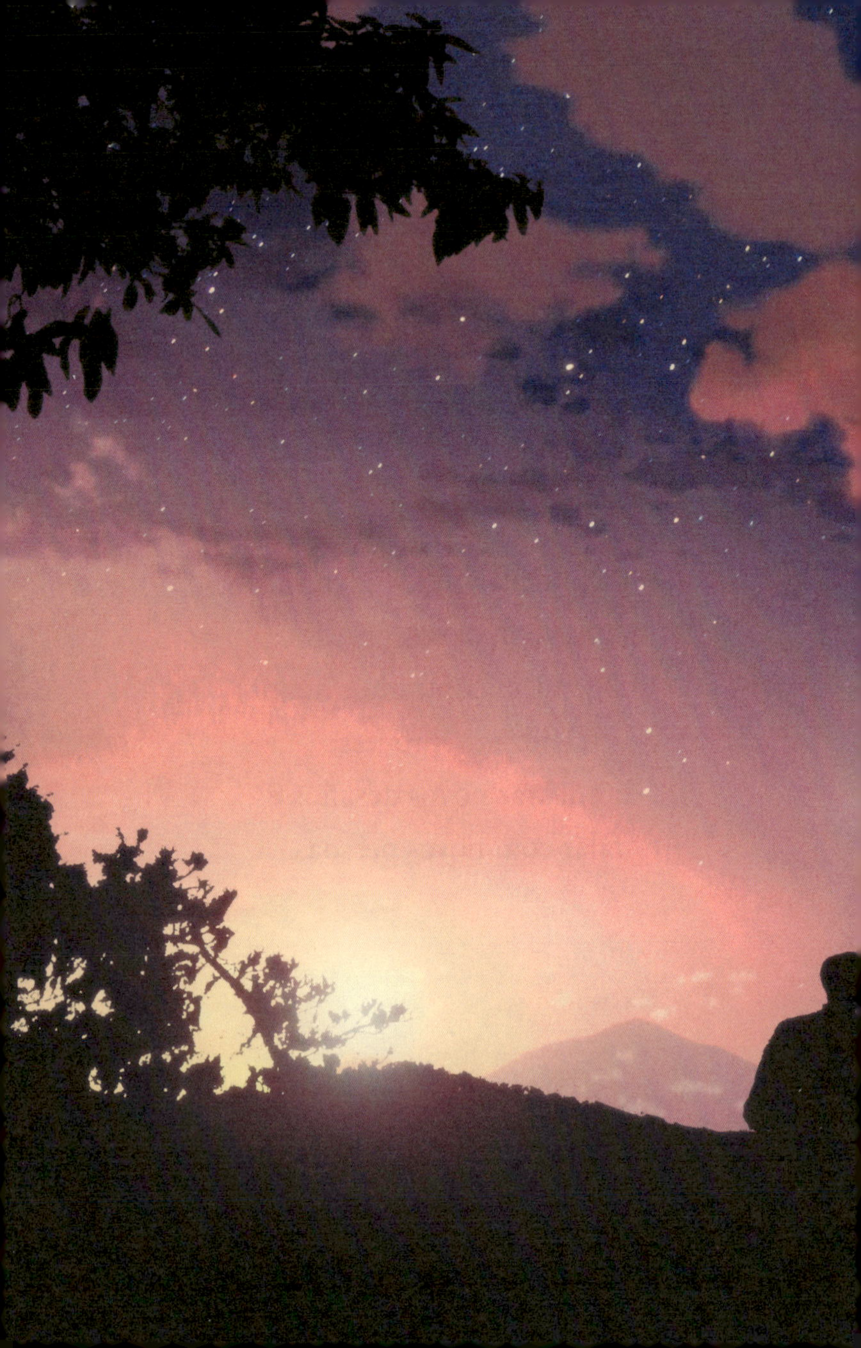

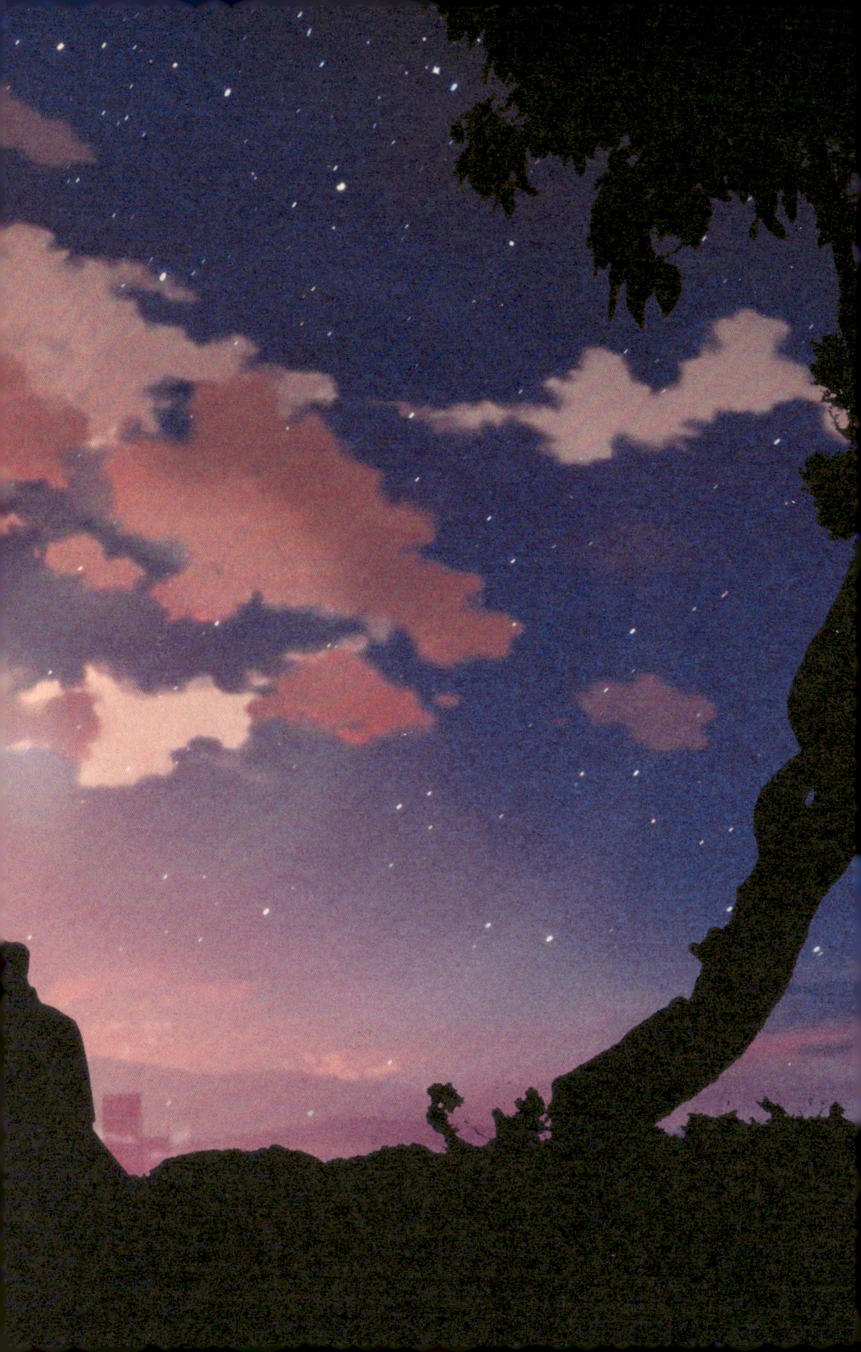

✲

Se não for algo que realmente lhe traz satisfação,
não tenha pressa e espere um pouco.
Se procurar com seriedade enquanto espera,
a pessoa certa, o emprego certo ou a situação certa
mais cedo ou mais tarde vão aparecer.

✲

Não fique ansioso só porque seu futuro está incerto.
Você só é capaz de ver um pedaço da
estrada à sua frente,
não a estrada inteira de uma vez. Do mesmo jeito,
você só é capaz de sonhar um pouco por vez.
Oportunidades inesperadas vão se revelar
à medida que você for avançando pouco a
pouco na estrada.

✲

Eu queria tanto alcançar a iluminação
que, sem me importar com o que os outros
poderiam pensar,
raspei a cabeça e me tornei monge.
Se houver algo que você realmente queira fazer, faça.
No fim, seus pais, amigos e o restante do mundo
ficarão felizes com a sua felicidade. Tenha coragem!

❄

Se houver um objetivo que você queira alcançar,
anote-o num pedaço de papel
e então, logo abaixo, divida sua meta em
pequenos passos viáveis.
Se prender esse papel na parede e olhar para
ele durante um minuto todos os dias,
será mais provável que consiga colocar em
prática o que escreveu.

É fácil se deprimir por haver uma
grande distância
entre quem você é hoje e quem
quer se tornar.
Avalie suas habilidades atuais
com sinceridade
e estabeleça objetivos novos e viáveis.
Toda vez que conquistar algum deles
ficará mais fácil alcançar uma meta
um pouquinho maior.

❊

Em geral queremos conquistar
muitas coisas agora.
Mas raramente estabelecemos objetivos para
daqui a 10 ou 20 anos.
Não desanime se não conquistar seu
objetivo com rapidez.
Aqueles que vão devagar sempre alcançam
coisas grandiosas no final.

❊

Continue trabalhando no seu ganha-pão,
mas não deixe de explorar seus interesses
fora do trabalho.
Fazer as duas coisas ao mesmo tempo pode
lhe trazer satisfação
e talvez levá-lo a trabalhar com as suas paixões.
Não fique só pensando em tentar algo novo;
tome uma atitude, mesmo que seja
com pequenos passos.

❊

Não fique trancado em casa quando estiver triste.
Mexa-se e vá dar uma volta em algum parque.
Encontre um amigo e fale sobre o que está acontecendo.
Se seu corpo continuar rígido e desconectado do mundo,
você não verá nenhuma diferença, mesmo que
tenha mudado muito sua mentalidade.

*

Quando eu viajo, uso um barbeador descartável.
Como as lâminas costumam ficar cegas com o uso,
toda vez que me barbeio eu me corto de leve.
Mas se eu vou com calma e cumpro
a tarefa com delicadeza,
sou capaz de evitar esses cortes.
Ir devagar e com gentileza é a chave.
A pressa leva a dificuldades.

✽

Se você sente que a vida está difícil,
tão difícil que mesmo uma
caminhada é exaustiva e pesada,
vá mais devagar, um passinho de cada vez.
Ao andar devagar, numa
velocidade confortável,
você vai se dar conta de que a vida
tem sido difícil
porque você estava indo mais rápido
do que conseguia.

Os dois eus dentro de mim

Há uma famosa canção coreana que se chama "Um pássaro dividido" e começa com o seguinte verso: "Há tantos eus dentro de mim que não há espaço para você descansar." Ela já foi interpretada por diferentes cantores, e todas as vezes que a escuto me impressiono com quão bem ela consegue expressar a psicologia humana. Especificamente a ideia de muitos eus dentro de mim que me levam a uma "treva que não consigo evitar" e uma "tristeza que não consigo superar". Mesmo que não seja minha intenção, os múltiplos eus podem entrar em conflito na minha mente, magoando outras pessoas sem querer e me deixando com pouca paz de espírito.

Em termos psicológicos, esses vários eus podem ser agrupados em duas categorias básicas. A primeira é o "eu de mim mesmo", o ser que quero ser, e a segunda é o "eu dos outros", o ser que minha família e a sociedade esperam de mim. Enquanto o "eu de mim mesmo" diz respeito aos meus desejos íntimos e pessoais, o "eu dos outros" é consumido pelos desejos, expectativas, demandas e responsabilidades das pessoas à minha volta que internalizei sem querer.

Todo mundo tem esses dois "eus" dentro de si, mas não é fácil criar uma harmonia saudável entre eles. Quanto mais jovem você for e mais autoritários forem seus pais, mais o seu "eu dos outros" será capaz de subjugar o seu "eu de mim mesmo". Na infância, aprendemos as regras e etiquetas sociais com nossos pais, e não temos alternativa senão viver de acordo com seus ensinamentos e seu controle. Mas se esse controle for severo demais, mesmo depois de adultos, não seremos capazes de ouvir a voz do "eu de mim mesmo" e em casos extremos poderemos sentir que nem *temos* um "eu de mim mesmo".

Por exemplo, algumas pessoas relutam em explorar seus próprios valores e interesses mesmo depois de adultas. Em vez de perguntarem a si mesmas o que deveriam fazer, perguntam aos outros. Elas têm medo de cometer erros e, portanto, evitam a responsabilidade que acompanha as tomadas de decisão. Tendem a formular sua identidade por meio dos outros, com frequência se apresentando como cônjuge de alguém, como o filho ou a filha de uma família ou o pai ou mãe de alguém.

Quando se trata de felicidade, com frequência negligenciam as próprias necessidades e colocam as dos outros em primeiro lugar. Em vez de fazer as coisas que as deixarão felizes, tornam-se dependentes e só se sentem bem quando seu cônjuge ou seus pais estão felizes, ou quando seu filho vai bem na escola. Mas também existem vantagens em viver seu "eu dos outros". Familiares e amigos próximos vão gostar muito de você e elogiá-lo muito; poucos pais deixariam de gostar de um filho que não os desobedece e faz tudo que eles mandam. Poucos cônjuges vão deixar de gostar de um parceiro que sacrifique as próprias necessidades e se dedique inteiramente à família. Mas o que acontece quando os filhos crescem e saem de casa, ou quando os pais ou o cônjuge acabam falecendo antes? Seria ótimo se essa pessoa pudesse então dar ouvidos à voz do "eu de mim mesmo", mas isso não é tão fácil para alguém que viveu a vida inteira sem essa prática.

A maior parte das pessoas acaba encontrando o "eu de mim mesmo" quando envelhece. A saudosa romancista coreana Park Wan-suh escreveu em seus últimos anos de vida: "Agora que estou mais velha, posso usar essas calças folgadas com elástico na cintura; é gostoso poder viver relaxada e livre, exatamente como quero. É gostoso não ter que fazer as coisas que não quero fazer. Com toda a sinceridade, não quero ser jovem outra vez. Como é ótimo poder ter a liberdade de dizer 'Não' ao que eu não quero fazer! Por que eu trocaria isso pela juventude? Se eu sentir vontade de escrever ficção, então escreverei. Mas se eu não sentir vontade, está tudo bem também."

Agora, quase entrando na casa dos 50, eu me dei conta de que estou me importando um pouco menos com a impressão que causo nos outros. Não me importo muito se as pessoas me reconhecem nas ruas de Seul ou não; visito banhos públicos com o coração leve; e me pego cantarolando ocasionalmente em minhas caminhadas. Passei a saber recusar com facilidade pedidos de palestras ou artigos se estou muito ocupado e não fico mais pensando no que as outras pessoas pensam de mim.

Dito isso, se ignorarmos por completo nosso "eu dos outros" ao viver a vida, nossos relacionamentos podem degringolar sem necessidade. Por isso a melhor forma de viver parece ser alcançar o equilíbrio entre o "eu dos outros" e o "eu de mim mesmo". Não viver sob o jugo do "eu dos outros", sempre pensando no que os outros querem, nem só correr atrás do "eu de mim mesmo", jogando um balde de água fria em nossos relacionamentos. Acredito que encontrar o equilíbrio entre os dois é a chave para viver satisfeito e feliz.

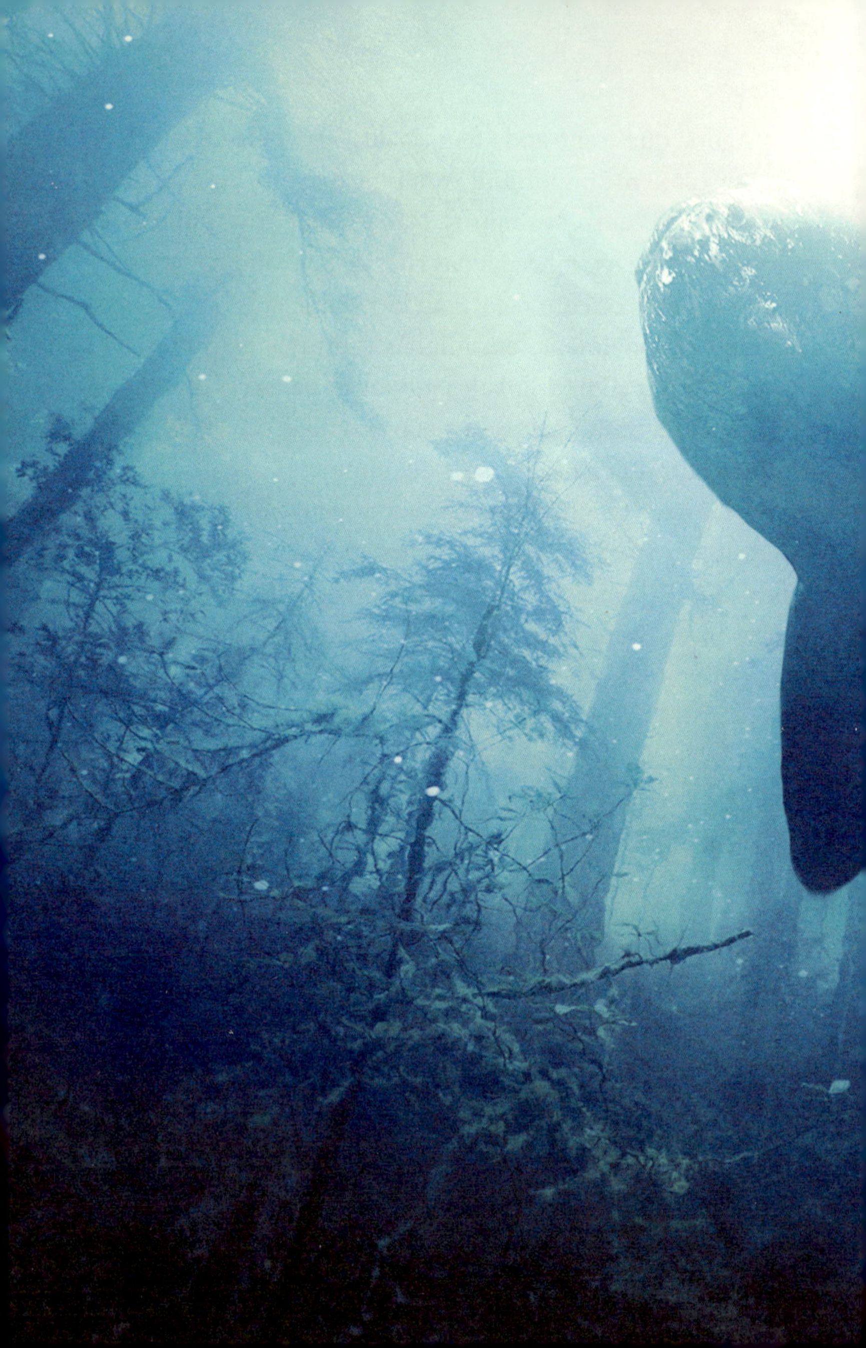

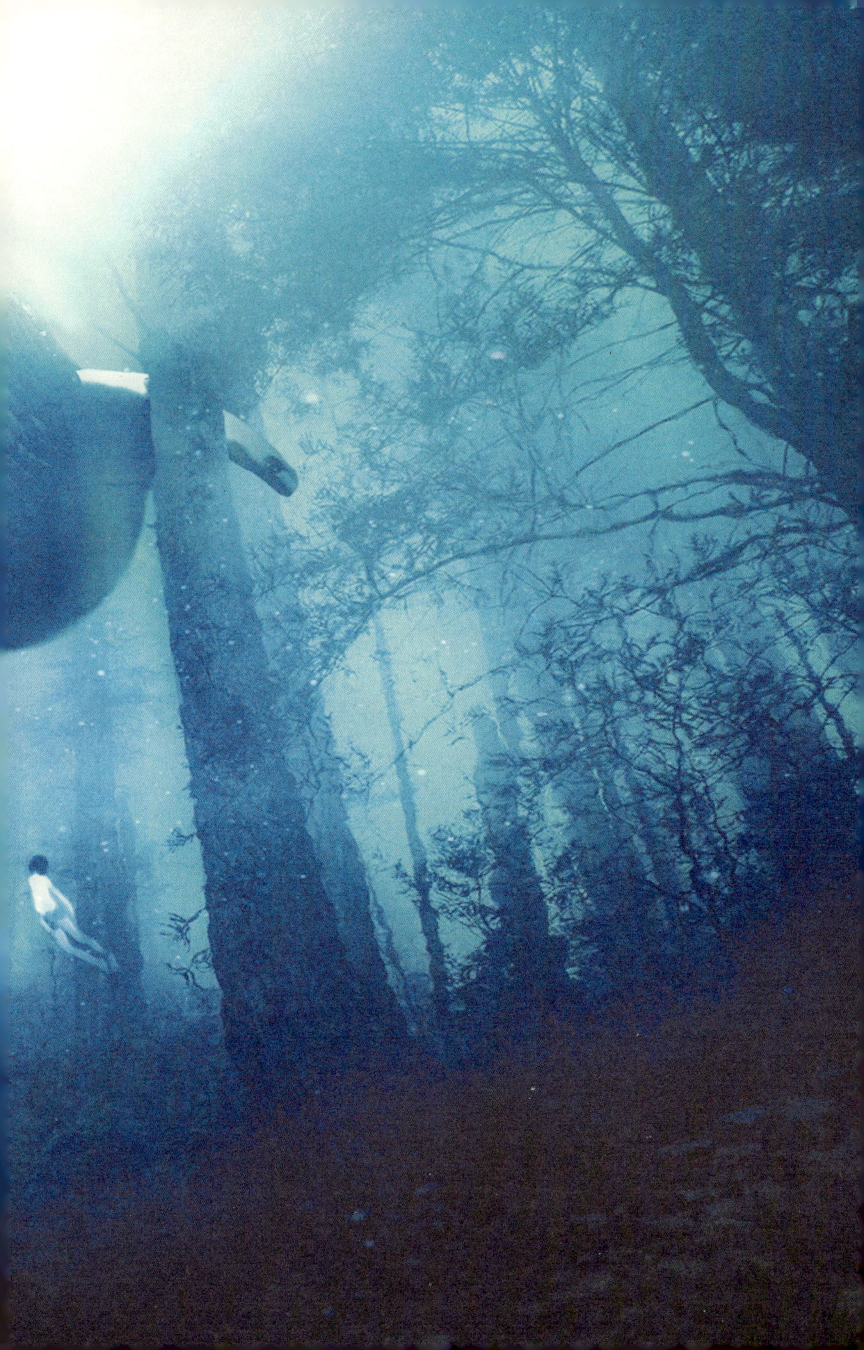

✷

Em todo mundo existe, ao mesmo tempo,
"o eu que não quer que ninguém saiba" e
"o eu confortável em se revelar aos outros".
Em vez de reprimir o primeiro e ter medo
e vergonha do seu lado sombrio,
reconheça sua existência.
No momento em que fizer isso,
você ficará mais à vontade
e será capaz de integrar todos os aspectos de si mesmo,
o que o levará a uma vida mais autêntica e gratificante.

✷

Fomos apresentados na juventude
a certos ideais de como as pessoas deveriam viver.
Eles fazem com que sintamos que não somos
"bons o suficiente"
quando encaramos a dificuldade de viver de
acordo com eles.
Ao mesmo tempo, somos rápidos em julgar as pessoas
que não vivem de acordo com esses mesmos ideais,
e de algum jeito
nos sentimos moralmente superiores a elas.

✳

Pode ser que você seja inibido demais diante dos outros
por ter sido censurado com muita frequência
por pais severos,
ou excessivamente julgado pelas pessoas à sua volta.
Mas você não pode viver preocupado com
o que os outros pensam de você.
Francamente, eles nem estão tão interessados
assim em você.
Então pare de ligar tanto para isso e relaxe.

✳

Embora seja decepcionante, é provável
que aquela pessoa que
você pensou estar deliberadamente
ignorando-o não esteja
tão interessada assim em você.
É fácil presumir que as pessoas estão
prestando atenção na gente,
quando, na realidade, esse raramente é o caso.

✳

Dicas para uma vida mais fácil e mais simples:

1. Não pergunte o que os outros falaram sobre você.
2. Diga sem rodeios do que gosta e do que não gosta.
3. Abra mão do que não está sob seu controle.

*

Não se esforce para descobrir
o que os outros estão falando de você.
Isso só vai lhe causar irritação e mágoa.
Discutir com alguém que já se decidiu a não
gostar de você vai machucar mais você do que o outro.
Domine a arte de deixar pra lá e
se concentre no trabalho que importa para você.

Somos bombardeados diariamente
com notícias negativas. No entanto,
é importante considerar quantas
dessas notícias são
realmente necessárias ao nosso
bem-estar. Lembre-se:
temos a opção de não estar atualizados
de todas as notícias
ruins do mundo o tempo todo.

❋

Será que as suas crenças sobre si mesmo estão o
impedindo de alcançar seus sonhos?
Se você acredita não ser talentoso nem digno de amor,
quem plantou essa crença em você?
Ela sempre esteve aí? Ou, sem querer, você
começou a acreditar em algo que alguém lhe disse?

❋

Não deixe que opiniões negativas dos
outros determinem o seu futuro.
Defenda suas ideias e dê um chega pra lá neles.
Você está no controle da sua própria vida
e tem o poder de tirá-los dela.
Depois de deixar clara a sua posição, continue
seguindo em frente pela estrada que você escolheu.

❋

Quando não gostam de algum aspecto de si mesmas,
em vez de mudá-lo,
as pessoas tentam mudar outras que
têm essa mesma característica.

✳

Aqueles que alcançaram os próprios sonhos ou
encararam um desafio de peito aberto
não serão tão rápidos em destruir os sonhos dos outros.
Se olhar com atenção, você vai notar que os
que não têm coragem
costumam menosprezar os outros e tentar
rebaixá-los ao seu nível.

✳

Se você está morrendo de medo pensando
"Será que eu consigo mesmo?
Como alguém feito eu poderia se atrever a
tentar alcançar algo assim?"
Então esse é precisamente o objetivo que você
deve perseguir se deseja crescer.
Mesmo que fracasse e as coisas não saiam
como você esperava,
você aprenderá uma lição valiosa e crescerá
com essa experiência.

✳

Entre "coisas dolorosas conhecidas"
e "coisas desconhecidas que podem trazer felicidade",
as pessoas em geral escolhem as conhecidas,
por mais dolorosas que sejam.
Não há necessidade de ser leal à sua dor.
Mesmo que você tenha medo do desconhecido,
tenha a coragem de escolher o caminho da felicidade.

✻

Em qualquer momento, temos duas opções:
dar um passo à frente na direção do crescimento
ou dar um passo atrás na direção da segurança.
– Atribuído a Abraham Maslow

✻

As pessoas não querem segurança tanto quanto pensam.
Mesmo aquelas que buscam empregos
ou relacionamentos seguros
ficam entediadas quando alcançam essa segurança.
Então, de vez em quando, em vez de
escolher sempre a segurança,
experimente fazer algo meio difícil ou
desconhecido que o levará ao crescimento.

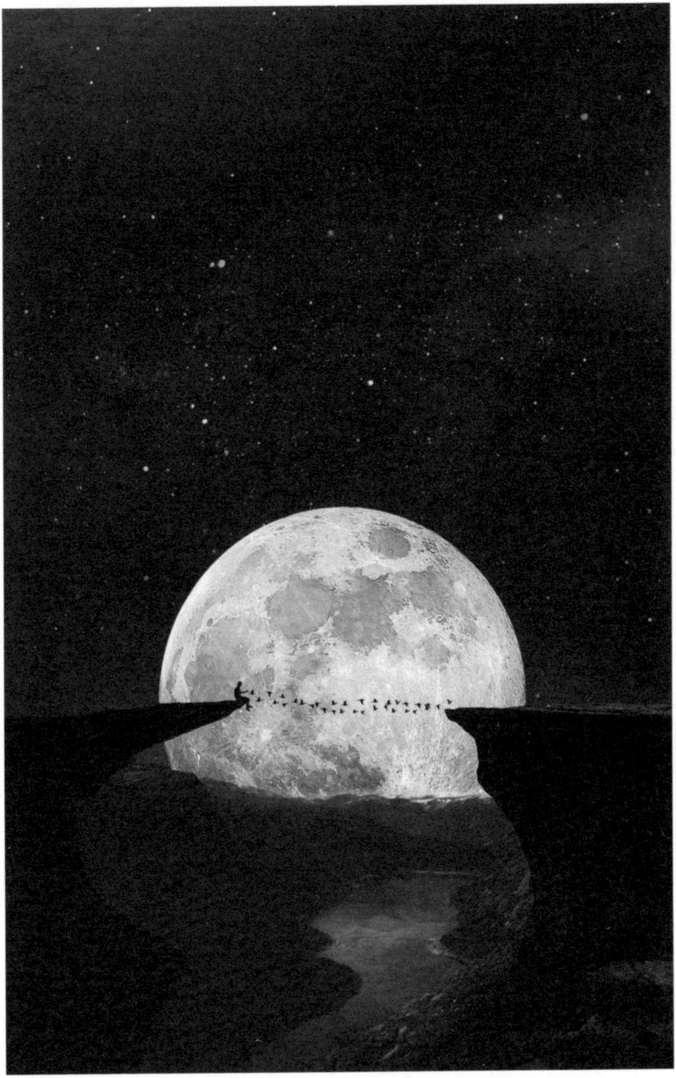

✻

As pessoas não alcançam o sucesso
porque só ficam pensando
e não colocam seus pensamentos em prática.

✻

O Mestre Yoda certa vez disse:
"Faça ou não faça.
Não existe tentar."

✻

Quando descobrimos um problema,
podemos hesitar em encará-lo diretamente.
No entanto, se continuarmos a adiar as coisas,
ele só vai aumentar.
Não fique esperando para depois se arrepender
de não ter lidado com ele antes.
Se olhar com atenção, você vai enxergar
uma forma de resolvê-lo.

✻

Se não mudarmos a nós mesmos,
o mundo vai arrumar uma forma de nos mudar.
É claro que isso será muito mais doloroso.
Mas essa dor está lá para nos fazer crescer,
não necessariamente para nos atormentar.

*

Do pé da montanha podemos ver
o topo com nitidez.
Mas, quando começarmos a subir,
o topo ficará escondido pela vegetação.
Da mesma forma, quando estabelecemos um objetivo e
vamos em sua direção, pode parecer que não avançamos,
mas ainda assim progredimos.
Não desanime e siga em frente.

*

Pessoas bem-sucedidas que alcançaram o topo
pelos próprios esforços
não têm complexo de superioridade,
pois têm noção
da ajuda que receberam ao longo do caminho.
Aqueles que deram um golpe de sorte ou
começaram a subir recentemente são os que
costumam ter um ar de arrogância e
perguntar: "Você sabe com quem está falando?"

※

Quanto maior o sucesso de uma pessoa,
mais simples será seu cartão de visita.

※

Quando alcançar um feito notável,
você vai sentir que esse é só o começo.

Conselhos que eu daria ao meu eu adolescente:
Lembre que os desafios e momentos constrangedores que parecem horríveis agora serão pequenos em retrospecto.
Não dê tanto peso às opiniões dos seus amigos.
Você pode seguir diversos caminhos na vida, e se seus planos da vez não derem certo, não perca a esperança.
A vida tem altos e baixos, mas as coisas melhoram à medida que envelhecemos.

✳

Conselhos que eu daria ao meu eu de 20 e poucos anos:
Vá com calma e tenha confiança em que as
coisas vão dar certo no fim.
Seja fiel a si mesmo e permita que suas
qualidades únicas brilhem
sem sentir a necessidade de se comparar com os outros.
Permita que a vida se desenrole naturalmente
e resista à tentação de planejar tudo.
Abrace o desconhecido e aprecie a jornada.

✳

Conselhos que eu daria ao meu eu de 30 e poucos anos:
Não se contente com sucessos pequenos ou
com o conforto de situações conhecidas.
Esteja sempre em busca de aprender com
os outros e faça perguntas.
Ao analisar as pessoas, concentre-se no caráter, nas
experiências de vida e no senso de humor delas,
não em fatores externos, como aparência,
grau de instrução ou origem familiar.
Fique sempre conectado com a natureza e a leitura,
e mantenha o corpo ativo praticando exercícios.

✻

Conselhos que eu daria ao meu eu de 40 e poucos anos:
Não se deixe dominar tanto pelo trabalho; faça
questão de dedicar um tempo ao autocuidado.
Invista em relacionamentos pessoais e
profissionais significativos.
Não tenha medo de correr riscos calculados e
cultive paixões diferentes do seu trabalho.
Lembre-se de retribuir e de ajudar os necessitados.
Aprecie a beleza de cada momento.
Viaje com seus pais enquanto eles ainda podem.

✻

Em vez de ser tímido e medroso,
tenha a meta de se tornar forte e resiliente.
Depois ganhe sabedoria por meio das
experiências de vida
e a coloque em ações virtuosas
para alcançar o crescimento pessoal e
causar um impacto positivo no mundo.

Primeiro escute a dor dentro de você

Quando meus pensamentos se demoram em lembranças das quais me arrependo ou em preocupações e ansiedades sobre o futuro, eu me livro dessa pressão desviando meu foco para as sensações do meu corpo. Ao prestar atenção nas sensações nos meus ombros, no abdômen ou no meu peito no momento presente, eu me liberto da repetição mental dos pensamentos negativos. Isso me permite encontrar paz e relaxamento no presente e passo a entender que a causa da minha angústia é apenas a minha mente, porque o mundo lá fora continua tranquilo e imperturbável.

Esse método de se concentrar no momento presente por meio da tomada de consciência das sensações físicas me foi apresentado pelos ensinamentos de Thich Nhat Hanh, um célebre ativista pela paz e monge budista. Quando ele visitou a Coreia muitos anos atrás, felizmente fiquei encarregado de fazer a tradução simultânea de suas palestras. Embora tivesse 88 anos na época, ele cumpriu todos os seus compromissos.

Ao observá-lo, ele me pareceu um pinheiro tranquilo e benevolente. Quando eu estava ao seu lado, minha mente ficava em paz, sob a generosa sombra de seus galhos. Principalmente quando fazia a meditação caminhando, dava para sentir que ele estava totalmente presente no aqui e agora a cada passo que dava. Era como se me mostrasse que a prática da meditação, em seu âmago, não é misteriosa nem complexa, mas algo familiar e fácil de fazer.

Entre seus ensinamentos maravilhosos, fiquei particularmente impressionado com a lição de que através da meditação da atenção plena podemos restaurar relacionamentos estremecidos. Quando ouvimos a palavra "meditação", podemos equivocadamente pensar em viajar para um monastério no alto de uma montanha e nos desconectar do mundo em busca de uma experiência transcendental. Entretanto, se a sua meditação da atenção plena for bem-sucedida, não importa onde seja feita, você pouco a pouco vai querer se reconectar com o mundo e reparar qualquer relacionamento de que tenha se distanciado por conta de discussões e mal-entendidos. Esse desejo é um resultado natural de o coração começar a se curar com a meditação da atenção plena.

Em seu livro *Paz é cada passo*, Thich Nhat Hanh diz que, embora as flores e os detritos pareçam ser coisas

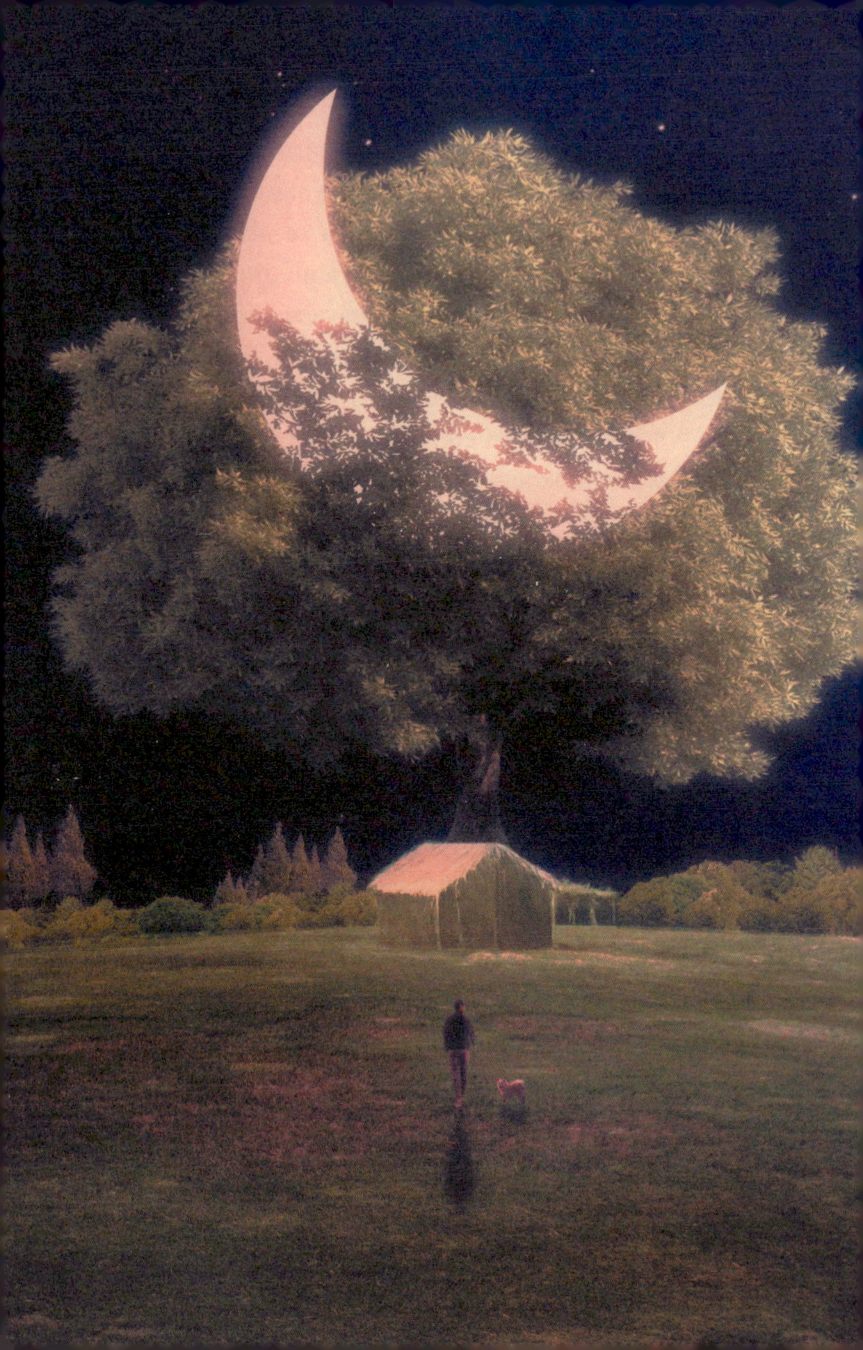

muitos diferentes que existem independentemente uma da outra, esse não é o caso de jeito nenhum. Para que possam existir, as flores precisam retirar do solo seus nutrientes, que vêm dos detritos. Depois de certo tempo, as flores também caem por terra e se transformam, elas mesmas, em detritos. Por meio desse exemplo, ele nos ensina que nada neste mundo existe isoladamente, pois todas as coisas dependem umas das outras para existirem juntas, como uma só.

Esse ensinamento também pode ser aplicado aos nossos relacionamentos. Por exemplo, se alguém que amamos muito está doente, embora não fiquemos fisicamente doentes também, sentimos em nosso coração a dor por essa pessoa e sofremos com ela. Essa verdade, da nossa relação indissociável com o mundo e uns com os outros, também é um insight fundamental buscado pelos meditantes em seu caminho rumo à iluminação. Portanto, quando nos desentendemos com as pessoas próximas a nós, a restauração desses relacionamentos pode nos trazer não apenas muita cura como também a constatação dessa verdade fundamental.

Como podemos restaurar esses relacionamentos estremecidos então? Para responder a essa questão, Thich Nhat Hanh disse que primeiro precisamos escutar nosso próprio sofrimento. Precisamos voltar nossa atenção a descobrir que pontos do nosso corpo estão ficando tensos por causa desse sofrimento e como ele está trazendo dor ao nosso coração. Se primeiro jogarmos a luz da atenção amorosa em nós mesmos e tomarmos consciência da energia emocional guardada em nosso corpo e em nossa mente, essa energia se suaviza e em seguida se dissipa gradualmente. Só então nossa mente estará aberta a entender o sofrimento dos outros.

O passo seguinte é entrar em contato com aquelas pessoas com as quais nosso relacionamento está estremecido. Tente encontrá-las pessoalmente e ouvir com atenção as histórias de seu sofrimento. Mesmo que nos interpretem mal e explodam com a gente ou digam algo que não é verdade, não devemos reagir com raiva nem ficando na defensiva. Em vez disso, devemos ouvi-las com paciência até que tenham compartilhado todas as suas mágoas conosco, de forma a liberarem as emoções que também guardaram. Isso só é possível quando primeiro ouvimos a dor dentro de nós mesmos e constatamos que a dor do outro e a nossa estão interconectadas e não existem independentemente.

À medida que traduzia as palavras de Thich Nhat Hanh, eu me perguntava: "Eu escutei por completo o sofrimento dentro de mim?" Eu me questionava se estava tentando evitar o meu próprio sofrimento me soterrando de trabalho, assistindo a filmes e falando sobre os problemas dos outros. As pessoas passam muito mais tempo prestando atenção em objetos externos. Assim, não nos acostumamos a observar as sensações em nosso corpo e em nossa mente com atenção. Para alcançar a cura, no entanto, precisamos redirecionar a luz da nossa atenção amorosa à nossa paisagem interior.

Thich Nhat Hanh ensinou: "Nascemos para que possamos despertar da ilusão de que existimos separadamente uns dos outros." Não devemos nos esquecer disto: assim como as flores e os detritos dependem uns dos outros para existir, nossa própria cura e a cura dos outros não estão separadas, mas interconectadas.

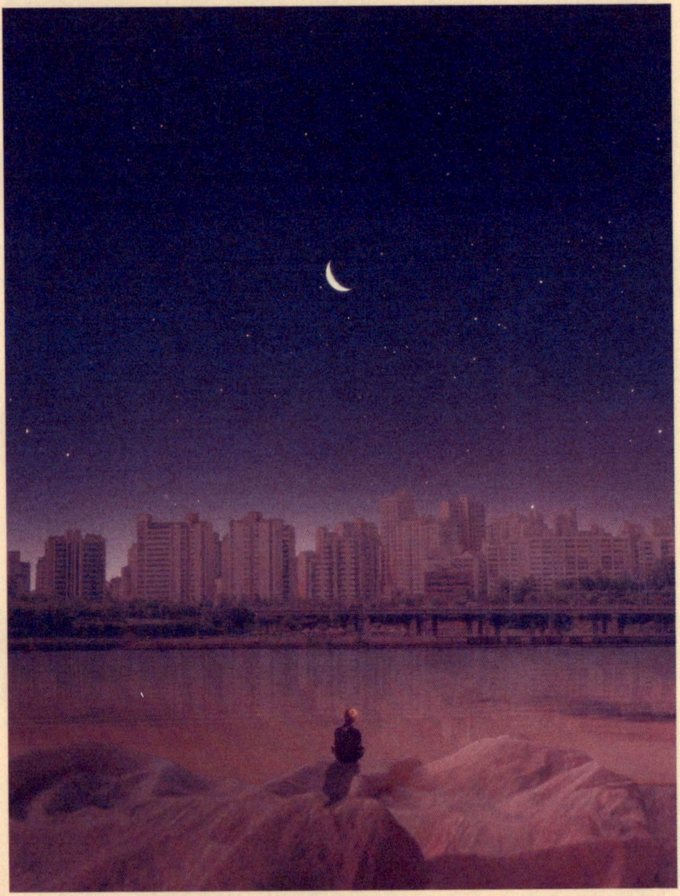

CAPÍTULO 6

Quando a iluminação ainda não veio

Maneiras de viver em harmonia

Alguns anos atrás, entrei no Mosteiro de Bongam para participar do retiro de meditação de outono. Mais de 100 monges iriam fazer parte do retiro. Entre esses, havia rostos conhecidos que fiquei feliz em ver, com os quais eu já havia morado em outros mosteiros, mas também vários rostos novos. E, quando se trata de morar com desconhecidos, os monges não são diferentes do restante das pessoas. A princípio o clima tinha um toque de constrangimento e até de tensão. Depois de um tempinho, no entanto, já sabíamos bem como dividir as tarefas de forma que todos pudessem viver juntos em harmonia.

Uma das primeiras regras tácitas que aprendi com os mais experientes quando era um jovem monge foi a seguinte: *Não insista em fazer as coisas do seu jeito.* Quando monges de todos os cantos do país passam a morar no mesmo lugar, ocorre um curioso fenômeno. Por exemplo, durante os cânticos matinais, às vezes você nota que nem todo mundo recita as escrituras budistas na mesma velocidade e no mesmo tom. Monges que moraram no Mosteiro de Songgwang, localizado na região Sul da Coreia, costumam recitar de forma mais vagarosa e serena, enquanto os do Mosteiro de Haein, localizado no Sudeste do país, costumam ser rápidos e vigorosos, lembrando a energia vibrante do Monte Gaya, no qual fica o mosteiro. O estilo de recitação de cada um costuma ser determinado pelo lugar onde a pessoa recebeu suas primeiras instruções.

O problema, porém, é que se cada monge insistir em recitar do seu jeito, sem se esforçar para entrar em harmonia com os outros, terminamos com um canto dissonante e fora de ritmo, bem desagradável de se escutar. Só porque conhecemos bem nossa forma de fazer as coisas, não significa que ela seja objetivamente a certa, enquanto as outras são erradas. Quando moramos com outras pessoas, fazemos um esforço para nos adaptarmos uns aos outros e assim podermos viver em harmonia.

OUTRA REGRA IMPORTANTE que eu seguia era: *Desde o início, esteja decidido a trabalhar mais do que os outros.* Na véspera do retiro, todos se reúnem para determinar as obrigações de cada um. Há uma grande variedade de funções: preparar as refeições na cozinha do mosteiro, limpar os corredores e as salas de meditação, ficar de vigia tanto do mosteiro quanto das montanhas ao redor, e por aí vai. Algumas dessas obrigações podem ficar a cargo de uma só pessoa, mas na maioria dos casos elas vão ficar sob os cuidados de um grupo. Quando muitas pessoas estão trabalhando juntas, não é raro que, após algumas semanas, surjam desentendimentos porque alguém parece não estar se dedicando tanto quanto os outros.

Embora cada um de nós esteja ciente de quanto está de fato se dedicando ao trabalho, não podemos avaliar a dedicação dos outros, já que não os vemos o tempo todo. É por isso que podemos sentir que estamos trabalhando muito mais enquanto outros não estão. Claro, o ideal seria que nem sequer tivéssemos esse tipo de pensamento calculista e discriminatório, antes de mais nada. Esse tipo de pensamento hostil nos causa um grande sofrimento mental. Mas uma vez que esses pensamentos venham, se tivermos decidido desde o começo trabalhar mais que os outros, nossa mente vai estar bem mais tranquila.

MAIS UMA REGRA que eu seguia era a seguinte: *Aceite a situação com uma mente positiva*. Antes do início do retiro, as acomodações costumam ser determinadas com base na experiência de cada monge. Os mais velhos recebem quartos individuais ou duplos, enquanto o restante da comunidade fica em quartos maiores que acomodam diversas pessoas. Nesse retiro de outono, no entanto, todo mundo que era mais velho do que eu ganhou quartos individuais ou duplos e, infelizmente, eu fui o primeiro a ser designado a um quarto grande. Em momentos como esse, se você se deixar afligir demais, pode acabar insatisfeito com o retiro inteiro. Mas se rapidamente conseguir tirar a questão da cabeça, pode encontrar muitos aspectos positivos em algo que à primeira vista não parecia tão bom.

Quanto mais eu pensava sobre o assunto, mais eu conseguia encontrar vantagens em ficar num quarto grande com outros sete monges. Em primeiro lugar, se eu estivesse num quarto sozinho, poderia acontecer de eu estar cansado demais, não me levantar ao ouvir o sino das três da manhã e acabar perdendo a cerimônia do amanhecer. Mas com outros monges eu poderia dormir tranquilo sabendo que algum deles acenderia a luz antes da cerimônia. Outro benefício é que eu rapidamente ficaria sabendo dos avisos, pois algum dos meus companheiros logo contaria aos outros as notícias do mosteiro. Além disso, nosso quarto sempre estava arrumado e limpo, sem bagunça, porque cada um de nós guardava seus objetos pessoais no armário correspondente após usá-los. Isso teria sido muito mais difícil de fazer se eu tivesse um quarto só para mim.

POR FIM, QUANDO eu ficava insatisfeito com alguma nova situação ou alguém durante o retiro, eu me perguntava: *Neste momento, estou focado na minha medita-*

ção ou não? Quando a minha prática está indo bem, fico tão concentrado em examinar minha própria mente que não me envolvo nas questões que não dizem respeito a mim. Mas se me vejo incapaz de me concentrar no que eu deveria estar fazendo, começo a encontrar defeitos nos outros. Só que eu sei que os defeitos dos outros são, de certa forma, meus defeitos, refletidos no espelho da minha própria mente. Se eu não tivesse falhas semelhantes, elas não me incomodariam tanto. Em momentos assim, tento voltar à disposição mental em que eu estava quando decidi alcançar a iluminação, e trabalhar calmamente sem me distrair.

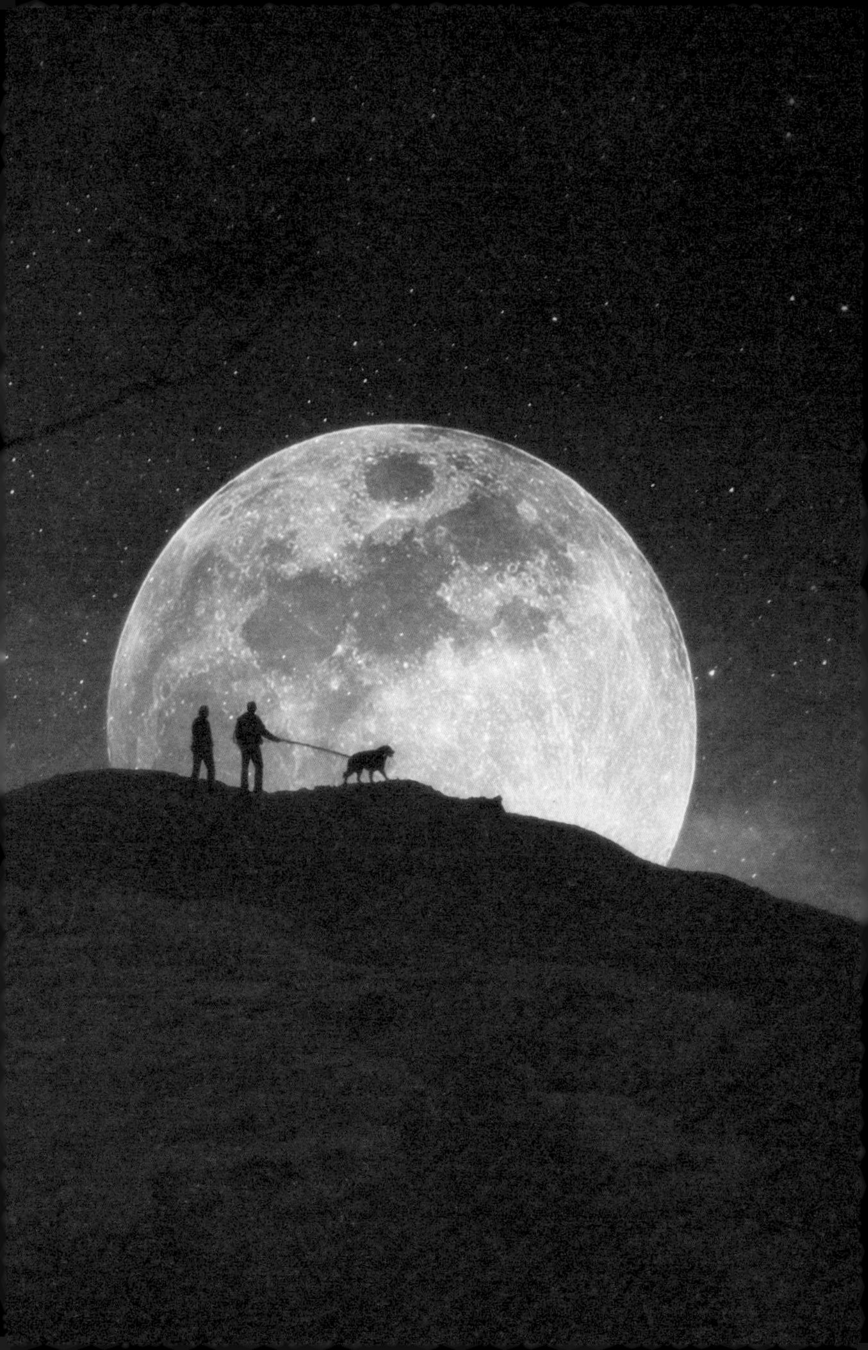

❋

Viver em comunidade significa compartilhar
tanto as alegrias quanto os desafios e
nos aproximarmos ao longo da experiência.
– Anônimo

❋

Em qualquer comunidade existem
dois tipos de indivíduos:
os passivos e reativos, e os proativos e criativos.
Os primeiros sentem que a vida deles é controlada
principalmente por fatores externos,
mas os segundos entendem que têm o poder de
moldar os próprios pensamentos e emoções.
Ao criar ativamente uma disposição mental positiva,
eles transformam suas aspirações em realidade.

❋

Por que eu iria querer arruinar minha paz interior
permanecendo com raiva de quem agiu errado comigo?
O perdão não é para o outro, mas para mim.

❋

Quando alguém erra com a gente, se for
uma pessoa de quem gostamos, é provável que a
compreendamos e a perdoemos.
Mas se for uma pessoa de quem não gostamos,
mesmo que tenha feito exatamente a mesma coisa,
é mais provável que guardemos rancor e
não possamos perdoá-la com facilidade.
A nossa mente funciona de um jeito
bem estranho mesmo.

*

Se combater o ódio com ódio,
a luta nunca acabará e a dor continuará.
Só a compreensão e o amor são capazes
de quebrar as correntes do ódio.
Saúdo com humildade essa verdade tão
simples e profunda
que já existe há milhares de anos.

✱

Em geral não gostamos de mudar
a nós mesmos,
mas não hesitamos em dizer aos outros
que mudem em nosso benefício.
É por isso que permanecemos
presos em padrões de
frustração e decepção.

✳

Criticar os outros em geral leva não à mudança,
mas a comportamentos defensivos.
Para influenciar uma mudança de forma efetiva,
comece entendendo o ponto de vista do outro
e depois comunique de um jeito
respeitoso o que poderia melhorar.
Sem respeito, é improvável que
qualquer conselho seja aceito.

✳

Deixe-me dizer a você como arruinar
um relacionamento:
primeiro, afirme que suas expectativas
são uma "questão de bom senso";
depois utilize-as para julgar aqueles que não
compartilham seus pontos de vista
e perturbe-os sem parar para que se encaixem nelas.
É muito provável que assim você
consiga afastá-los com sucesso.

✳

Espero nunca ficar tão obcecado por
estar certo que não consiga enxergar quando
a minha obsessão estiver machucando os outros.

✻

Se quiser persuadir alguém a fazer o que você quer,
não adianta nada explicar sua posição repetidamente.
Em vez disso, primeiro descubra qual é
a maior preocupação do outro
e depois procure um jeito de deixar vocês dois satisfeitos.
Em seguida explique por que a sua
sugestão não só vai ajudar você
como também vai solucionar as
necessidades mais urgentes do outro.

✻

Se você costuma se sentir superior aos outros,
isso significa que um profundo
complexo de inferioridade
se estabeleceu dentro de você.
Quem gosta de si mesmo trata os
outros de forma respeitosa.

✻

Pessoas com um ego grande demais sofrem
de baixa autoestima.
A baixa autoestima leva a uma maior necessidade
de atenção e validação,
que pode resultar numa sensação exagerada
de autoimportância.

*

Homens devem ser assim, e mulheres devem ser assado.
Pais devem ser assim, e alunos devem ser assado.
Políticos devem ser assim, e monges devem ser assado.
Desse jeito não vemos as pessoas pelo que realmente são.
Apenas vemos se elas se encaixam em nossa ideia
do que deveriam ser.
Se elas se encaixam em nossos padrões, dizemos
que são excelentes.
Se não, as julgamos e as consideramos seres
humanos problemáticos.

*

Se um monge fala dos acontecimentos do mundo,
as pessoas lhe dizem para ficar em seu
mosteiro na montanha
e não se preocupar com questões mundanas.
Mas se ele não fala nada e fica calado,
as pessoas lhe dizem que ele é egoísta por
ignorar o sofrimento do mundo.
Um monge precisa aprendem a levar a vida
conciliando esses dois pontos de vista.

✼

Quando você deixa seu lar e abraça a vida monástica,
o seu objetivo é despertar e compartilhar sua
sabedoria em nome do bem maior.
É importante se dar conta de que tornar-se um
monge ou uma monja budista não é
um jeito de fugir do mundo, mas
um caminho em direção a um entendimento
mais profundo dele.

※

Se expressar sua raiva sem filtro,
ela vai se tornar um karma
ruim e voltar para você.
Se apenas reprimir sua raiva e restringi-la,
ela virá à tona depois na forma de
uma doença em seu corpo.
Se observar calmamente a energia
da sua raiva,
ela vai mudar de forma por conta
própria e desaparecer.

✻

Quando sua mente estiver angustiada, observe
o que está causando essa angústia.
Você verá que ela se origina em seus
pensamentos e persiste através deles.
Mas, por sua própria natureza, os pensamentos
são como pinceladas na água:
se mostram momentaneamente e em seguida
desaparecem sem deixar vestígios.
Portanto, não há necessidade de se deixar
dominar por pensamentos angustiantes
que em breve vão desaparecer
naturalmente se você permitir.

✻

Se você tiver um único pensamento de ansiedade,
montanhas de preocupação e medo vão se
reunir como nuvens.
Mas depois que esse pensamento passa,
o céu límpido e azul da sua mente se revela.
Podemos experimentar o paraíso ou o inferno por
causa de um único pensamento.
Então não se demore nos pensamentos
negativos e apenas permita que passem.

*

Originalmente o céu não tinha um norte, um sul,
um leste e um oeste.
Através da linguagem, nós o nomeamos e
dividimos assim.
De forma semelhante, o mundo era originalmente
um só, sem divisões.
Mas por meio das nossas palavras, nós o dividimos
em milhões de pedaços –
e nos iludimos pensando que eles sempre
existiram de forma independente.

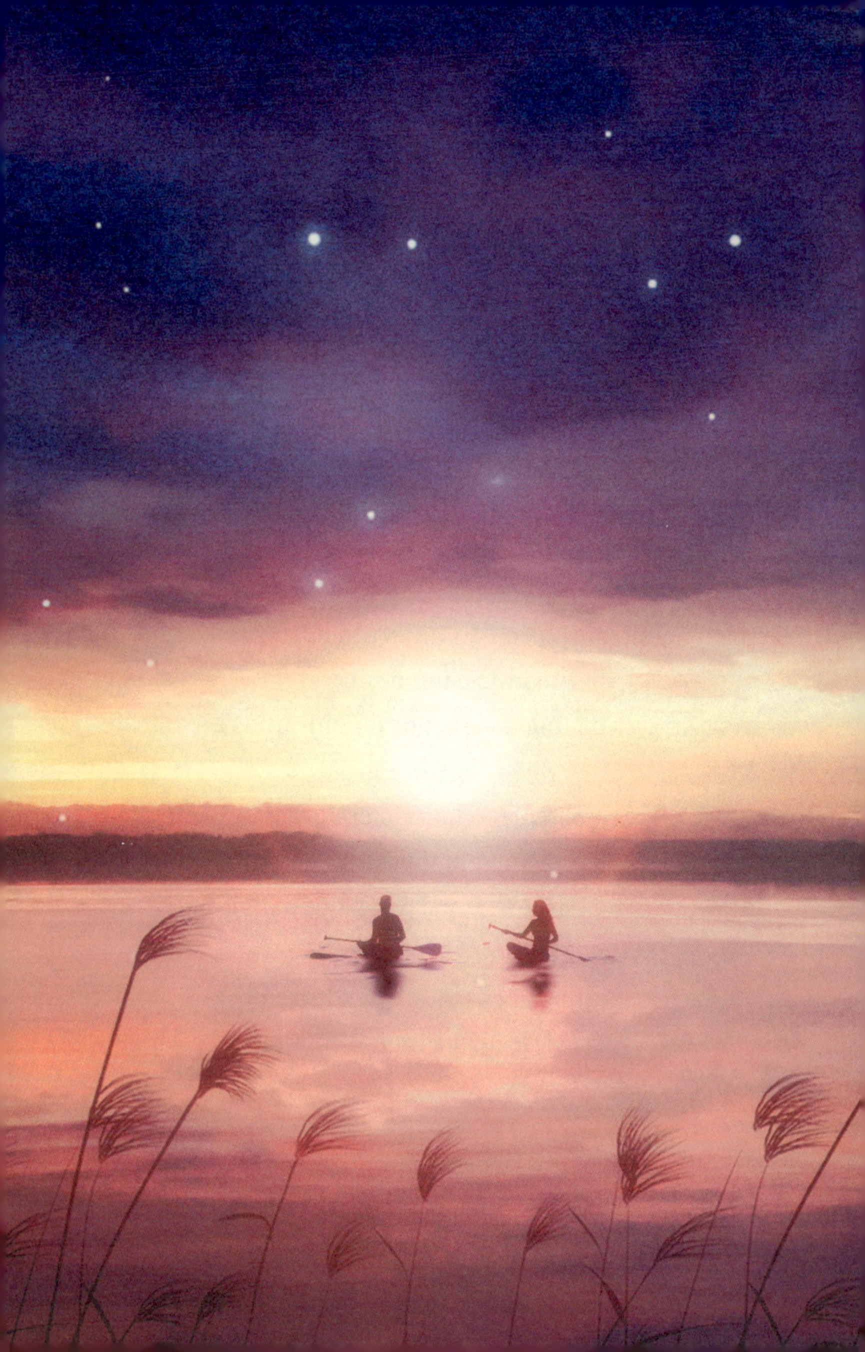

❋

Ventos não deixam som depois de passarem
por um bosque de bambu.
Gansos não deixam sombra depois de
sobrevoarem um lago gelado.
Homens nobres não deixam pensamentos
na mente após concluírem uma tarefa.
– Hong Zicheng

❋

Há uma cadeira num espaço amplo e vazio.
Naturalmente, seus olhos são atraídos para essa cadeira
e ignoram o espaço amplo e vazio.
Mas a cadeira não poderia estar ali
se não fosse pelo espaço amplo e vazio.

❋

*

Quando nos permitimos um
descanso profundo,
nossa mente fica tranquila, como
se estivesse vazia.
Quando precisamos trabalhar,
essa mente tranquila desperta
e dá à luz novos pensamentos.

✷

No espaço tranquilo e vazio da sua mente,
um único pensamento aparece.
Naturalmente, você é atraído por esse pensamento
e ignora o espaço tranquilo de sua mente
que deu à luz esse pensamento.

✷

Despertar a Mente do Buda
não significa transformar pensamentos
ruins em pensamentos bons.
O despertar começa quando nos
tornamos mais conscientes do
espaço tranquilo e vazio da mente
no qual os pensamentos vêm à tona e desaparecem.

✷

Se a mente está no presente, os pensamentos cessam
e a mente se torna tranquila naturalmente.
Essa tranquilidade é livre de formas e ilimitada
e, por isso, sua profundidade é infinita.

✷

Todos os pensamentos são simplesmente
ondas, formas temporárias
feitas do oceano profundo da mente;
depois de aparecerem brevemente, os
pensamentos se fundem de volta
com a tranquilidade da mente ilimitada.

※

Quando confiamos que nós somos o oceano,
não temos medo das ondas.
– S<small>AYADAW</small> U. P<small>ANDITA</small>

Descobrindo seu verdadeiro eu

Num dia quente de primavera, deixei tudo de lado e rumei para o meu pequeno refúgio de tranquilidade. Uma breve pausa no mundo tão frenético de hoje, mesmo que de apenas dez minutos, pode ser restauradora tanto para o corpo quanto para a mente. Se nos sentarmos imóveis e olharmos para dentro, conseguiremos ver pensamentos e sentimentos surgindo e desaparecendo de forma contínua. É relativamente fácil notar a presença de pensamentos e sentimentos, mas é bem difícil reconhecer o espaço silencioso que fica depois que o pensamento ou sentimento já passou e outro ainda não surgiu. Até que outro pensamento ou sentimento surja, há um silêncio tranquilo que parece desprovido de qualquer coisa. A maior parte das pessoas não tem consciência desse espaço vazio e simplesmente o deixa passar. Isso acontece porque, ao contrário dos pensamentos e sentimentos, o silêncio tranquilo não tem forma, então é impossível apreendê-lo.

Ao contrário do silêncio, pensamentos e sentimentos têm formas, então podem ser observados, explicados aos outros e colocados no papel. Como aparecem na mente, desenvolvemos o hábito de nos identificarmos com eles e chamá-los de "meus pensamentos" e "meus sentimentos". Às vezes até nos agarramos a eles e os usamos como aspectos determinantes de quem somos, dizendo "Eu sou esse tipo de pessoa", como se os tivéssemos escolhido intencionalmente. Se você acredita que os pensamentos e sentimentos na sua mente são realmente seus, pense sobre o seguinte: se eles são você, então você não existia antes de eles aparecerem? Se fossem realmente você, quando eles desaparecessem, você desapareceria com eles – mas você já experimentou alguma vez o desaparecimento de si mesmo?

Você existia antes de esses pensamentos e sentimentos virem à tona e vai continuar existindo depois que eles desaparecerem. Isso porque eles não são seu verdadeiro eu. Eles são como nuvens passageiras num céu azul e límpido. Então o que é seu eu real, que já existia há muito tempo antes do surgimento dessas nuvens de pensamentos e sentimentos? Essa é precisamente a pergunta feita por incontáveis praticantes das mais variadas tradições espirituais. Muitos passaram a vida inteira tentando chegar à resposta e descobrir o que é seu verdadeiro eu. Acredito que cada um deve encontrar a resposta a essa pergunta em sua própria experiência. Mas, no caso remoto de minhas palavras aqui serem capazes de levar alguém a ter sua própria experiência de despertar, eu gostaria de oferecer minha resposta, por mais inadequada que possa ser.

Vou poupar você de explicações teóricas e ir direto ao ponto. O que existia antes de pensamentos e sentimentos surgirem e vai continuar existindo depois de eles desaparecerem é a sua consciência. Quando nenhum pensamento ou sentimento se apresenta à sua consciência, você a experimenta como um silêncio tranquilo muito semelhante ao estado de sono sem sonhos. Ela não tem forma, é vazia, transparente e tranquila. É também a base sobre a qual você existe e a partir da qual todos os aspectos de quem você é são criados. Se olhar com atenção, você será capaz de ver que todos os pensamentos e sentimentos emergem de sua consciência silenciosa, se revelam momentaneamente e depois desaparecem de volta no silêncio após algum tempo. Em outras palavras, a sua consciência cria todas as formas, oferece um espaço para que existam e as reabsorve quando é hora de deixá-las partir.

Agora, vamos dar um passo a mais e explorar onde exatamente esse silêncio tranquilo está localizado. Primeiro, feche os olhos, respire fundo e permita que sua mente se acalme. Depois veja se consegue reconhecer o espaço silencioso que fica depois que um pensamento já passou e outro ainda não surgiu. Sinta esse silêncio tranquilo. Quando for capaz de senti-lo, pergunte-se se essa tranquilidade existe só dentro do seu corpo ou se existe fora dele também. A tranquilidade de dentro do corpo existe numa forma diferente da tranquilidade de fora do corpo? Ou é a mesma, sem diferença? Deixe de lado a mente conceitual que adora analisar as coisas e apenas sinta esse espaço tranquilo na sua consciência, permita que a resposta venha naturalmente daí.

Indo um pouco mais fundo, examine se é possível encontrar as bordas desse silêncio tranquilo. Você consegue chegar aos limites dele? Consegue achar o início ou o fim desse silêncio? Há algum limite nesse espaço amplo e aberto da sua consciência? Há um centro? Por fim, você é capaz de macular sua consciência tranquila ou mudar sua natureza de forma permanente? Não importa quão intenso seja um som, o silêncio logo se recupera e volta, impecável, à sua forma original tranquila, não é? Ele é completamente indestrutível e imperecível, pois não tem forma. Você não é capaz de perdê-lo nem de fazê-lo desaparecer. Ele está eternamente presente.

Sinceramente espero que você tome ciência desse silêncio transparente na sua consciência. Aí dentro, você também vai encontrar a profunda serenidade, a liberdade eterna, um poço de criatividade e a aceitação calorosa.

❋

Sinta o espaço entre os pensamentos.
Depois que um pensamento termina,
mas antes que o próximo comece,
há uma breve abertura
para o espaço da sua consciência ilimitada.

❋

Quando nos libertamos da armadilha dos pensamentos
entrando em contato com o momento presente
através da consciência da respiração,
a consciência silenciosa, que estava no pano
de fundo dos pensamentos,
desperta e começa a tomar consciência de si mesma.

❋

Quando pensamentos e sentimentos se aquietam
por um instante,
começamos a tomar ciência da própria
consciência tranquila.
À medida que nos damos conta de que a
tranquilidade não tem bordas,
sentimos a natureza ilimitada da nossa consciência nua,
presente não apenas dentro de nós, mas
também no mundo exterior.
Essa constatação é o primeiro passo
importante em direção à iluminação.

✻

É através do sono profundo e sem sonhos
que nosso corpo se cura e nossa mente se restaura.
Portanto, a mente tranquila e sem pensamentos ruidosos
não implica um estado de tédio ou falta de sentido.
Ela na verdade significa repouso e paz perfeitos,
cura e rejuvenescimento,
assim como o local de nascimento da criatividade
e da liberdade sem limites.

✲

À medida que crescemos espiritualmente,
cresce também a ideia que
fazemos de Deus ou do Buda.
A profundidade da nossa compreensão
é diretamente proporcional
à maturidade da nossa mente espiritual.

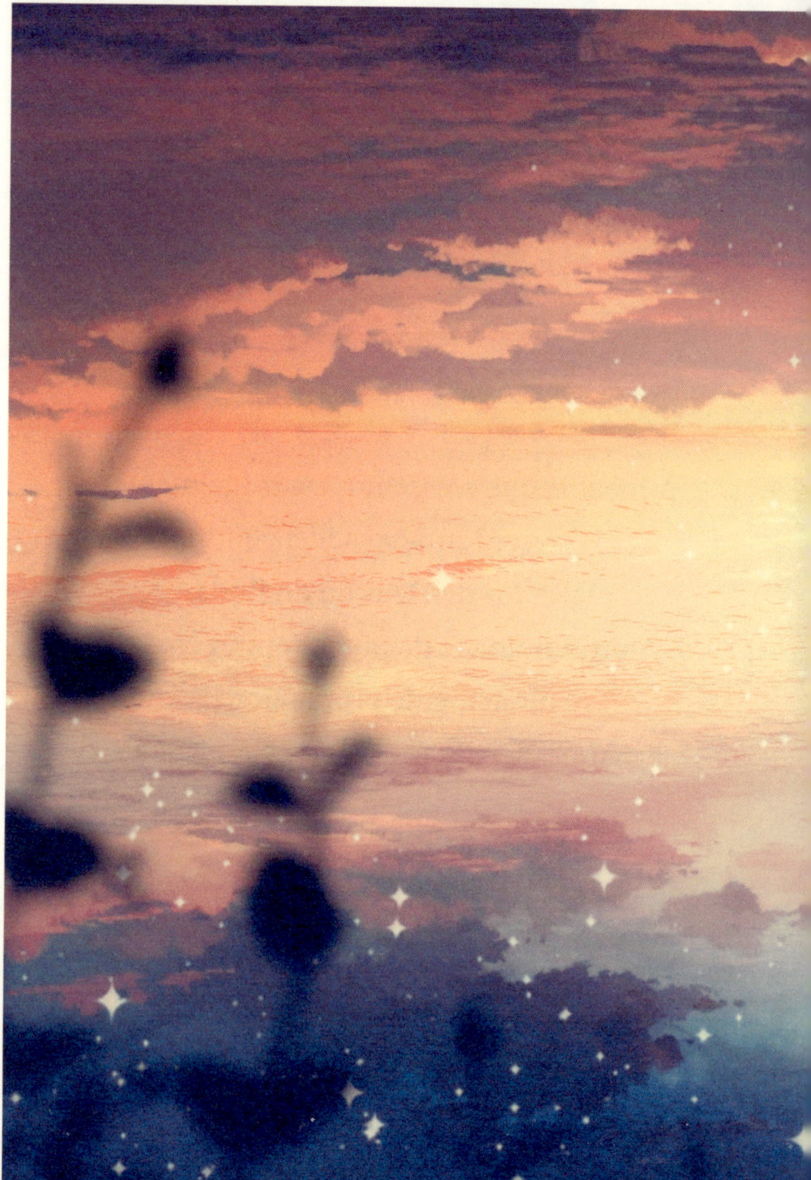

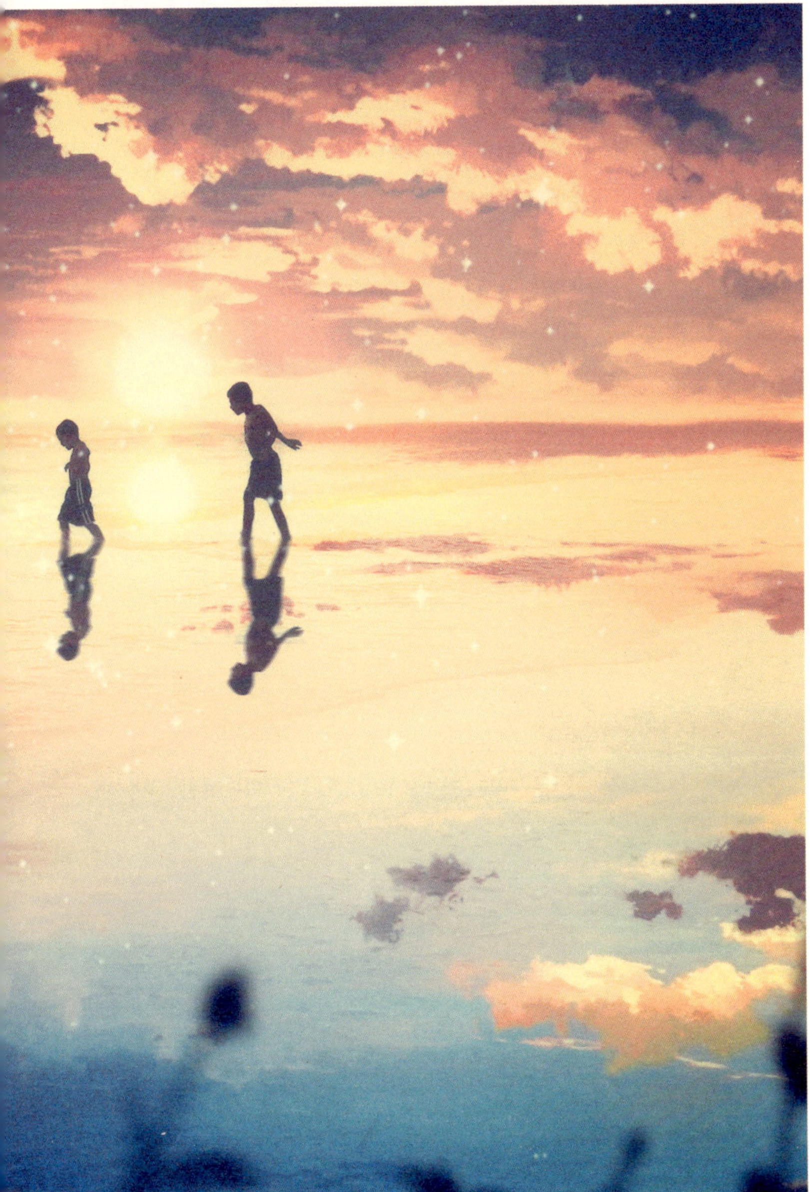

✸

Se você contemplar os significados profundos
por trás dos símbolos religiosos
e tiver uma experiência espiritual direta deles,
logo passará a entender que,
em seu âmago, há semelhanças inerentes
entre diferentes religiões.
Sem essa experiência, porém,
você ficará preso aos símbolos,
verá apenas as diferenças
e menosprezará os adeptos das outras religiões.

✸

Não somos seres humanos tendo
uma experiência espiritual.
Somos seres espirituais tendo uma experiência humana.
– Dr. Wayne Dyer

✸

A princípio, busquei você naquele ícone
sagrado do templo.
Depois busquei você em professores espirituais,
em mestres e gurus.
Em seguida, busquei você nas palavras das
escrituras sagradas.
Mas agora finalmente sinto a sua
presença em todos os lugares.
Você sempre esteve comigo, como o ar que eu respiro.

❋

No fim, você vai entender que
a resposta à pergunta que tanto queria encontrar
não seria encontrada no ponto de chegada.
Quando chegar a hora,
você será despertado para o conhecimento
que estava no seu bolso esse tempo todo.
Você só precisa relaxar e ver o que já tem.

❋

Você não imagina quanto
procurei alguma coisa para lhe dar.
Nada parecia apropriado.
Você não dá ouro a uma mina de ouro nem
uma gota d'água ao Mar Arábico!
Tudo em que pensei era como levar
sementes de cominho para o lugar de onde
o cominho vem...
Você tem até meu amor e minha alma,
então... eu lhe trouxe um espelho.
Olhe para você e lembre-se de mim.
– Rumi

*

Seu único pecado é
esquecer quem realmente é.
Você não é uma folha frágil e trêmula.
Você é a árvore inteira.

*

Iluminação é se dar conta da unidade do mundo
não apenas com a cabeça mas também com o coração.
Da próxima vez que sentir alegria ao fazer
os outros felizes,
tire um momento para refletir se há mesmo
alguma distinção
entre a sua alegria e a deles.

✻

Há um mundo visível aos seus olhos
e um mundo invisível aos seus olhos.
Tornar-se espiritualizado significa começar a
estar consciente do mundo invisível.
À medida que se torna cada vez mais consciente do
mundo que está além do que se vê,
você chega à surpreendente constatação de que
o mundo visível e o invisível
em última instância não são dois, mas um só.

✻

Com frequência, a verdade é algo que já sabemos.
Isso porque ela é inerente a nós,
mas quando a ouvimos outra vez há uma
nova profundidade.

✳

A felicidade descoberta após o despertar do intelecto é
uma sensação de riqueza interior, como se
tivéssemos encontrado um grande tesouro.
Rapidamente ganhamos a confiança necessária
para estabelecer nossos próprios parâmetros
e não somos mais facilmente influenciados
pelas opiniões dos outros.
A alegria experimentada quando o espírito
se torna consciente de si mesmo
é como finalmente voltar para o lar
após uma longa jornada.
Encontramos paz e segurança no conhecimento
de nossa verdadeira essência
e não tememos mais a morte.

*

À medida que passamos pela vida,
nossa consciência nunca nos abandona.
Ela está sempre presente, mesmo que
os pensamentos e sentimentos específicos que
experimentamos venham e vão.
Veja por si mesmo se é possível
fugir da sua consciência.

*

A consciência é como um vasto céu azul,
límpido e luminoso.
Pensamentos e emoções, como nuvens, podem
aparecer temporariamente,
mas não são capazes de alterar nem de conspurcar
a natureza imaculada da consciência.
Sinta a qualidade imaculada do silêncio sem
limite da consciência.

Embora passe a vida no oceano,
o peixe pode não sentir isso, porque
o oceano está perto demais.
Embora passe a vida no céu,
o pássaro pode não saber disso,
porque o céu é vasto demais.
Embora vivamos no campo de
consciência ilimitada,
podemos não vê-lo, porque a consciência
é transparente demais.

O conto da longa jornada do Redondinho

Era uma vez um peixinho fofo que vivia no meio do Oceano Pacífico. Sua cabeça era mais redonda que a dos outros peixes, então todos o chamavam de "Redondinho". Desde pequeno, ele nunca se interessava tanto quanto os outros peixes da sua idade por encontrar alimentos ou ser popular. Seu único interesse era conhecer o ser grandioso e sagrado do qual seu avô havia lhe falado, um ser chamado "o Oceano". Vovô, que criara Redondinho, lhe dissera que esse Oceano havia dado a vida a toda a criação, a tudo o que conseguiam ver. Ele era gentil e benevolente, criava alimentos suficientes para todos os seres vivos e aceitava todos igualmente, sem discriminar ninguém. Ele nunca se gabava nem mostrava preferência por um ser em detrimento de outro.

Redondinho só conseguia imaginar, maravilhado, como era possível o Oceano ter o mesmo amor pelo mal-humorado tio Tubarão, que o assustava terrivelmente, e a feia tia Lagosta, com suas mãos afiadas. Ainda que não tivessem consciência Dele, vovô dizia que o grande Oceano estava sempre por perto e conhecia todos os menores movimentos de toda a criação. Muitos peixes rezavam para o sagrado Oceano em momentos de dificuldade, e então desenvolveram o hábito de Lhe oferecer pérolas preciosas e alimentos valiosos.

Curiosamente, o número de peixes que efetivamente haviam visto o grande Oceano com os próprios olhos ou O haviam conhecido ao vivo era ínfimo. Havia apenas lendas de poucos peixes especiais que, após uma longa jornada em busca do Oceano, mal O haviam encontrado. A jornada que haviam trilhado exigia paciência e esforço imensos, então a maioria dos peixes normais nem cogitava se aventurar.

Diziam a Redondinho que a parte mais difícil era atravessar a profunda e escura Caverna da Morte, à qual nem mesmo os corais sobreviviam. Diziam que entrar nessa caverna, na qual nem sequer um raio de luz penetrava, era como experimentar a morte em si. Então, para vencê-la, você precisava ter fé no coração, fé em que o invisível Oceano estava sempre ao seu lado. Mas era algo tão demorado e aterrorizante que mesmo peixes com uma fé inabalável e a mente tranquila desistiam no meio do caminho e nunca tentavam outra vez.

Então, quando Redondinho começou a se preparar

para a jornada em que conheceria o Oceano, seu avô não lhe ofereceu palavras de incentivo. Em vez disso, ele o olhou com uma expressão de preocupação. Deve ter se arrependido de haver contado sobre o Oceano ao neto. O coração de Redondinho também estava pesado de preocupação, pois se perguntava quem cuidaria do vovô se ele se machucasse atravessando a Caverna da Morte ou não voltasse vivo. Mas não poderia desistir. Seu desejo de conhecer o grandioso e sagrado Oceano era forte o suficiente para superar sua preocupação e seu medo e, no fim, ele convenceu o avô e partiu em sua jornada.

UM MÊS APÓS sair de casa, Redondinho finalmente chegou à Caverna da Morte. Ele estava animado e muito amedrontado ao mesmo tempo. Então, antes de entrar na caverna, fez uma prece sincera: "Querido Oceano Benevolente que está ao meu lado, desejo conhecê-lo. Por favor, me guie para vê-lo. Confio em você." Com essa prece, Redondinho finalmente entrou na caverna e a completa escuridão o envolveu.

Fazia cerca de doze horas que ele havia nadado para dentro da caverna. Em meio à total escuridão, era como se o tempo tivesse parado, e seu corpo, desaparecido. À medida que o tempo passava como um sono profundo e sem sonhos, o medo que o havia assaltado a princípio foi desaparecendo pouco a pouco, sendo substituído por um silêncio tranquilo. Redondinho estava impressionado com o fato de que não conseguir ver ou ouvir pudesse ser tão tranquilo e caloroso.

Quanto dias haviam se passado? Uma semana ou um mês? De repente, lá muito longe, Redondinho viu um minúsculo ponto de luz. Assim que o avistou, começou a nadar instintivamente na direção dele. Um pensamento perfurou o longo silêncio e subitamente entrou em sua mente: *Finalmente vou sair da caverna e conhecer o Oceano!* Mas, nesse exato momento, ele se deu conta de uma coisa. *E se esse Oceano que estive tão ansioso para conhecer na verdade existe no silêncio? Ele não estava presente no silêncio tranquilo e reconfortante que eu atravessei ao cruzar a caverna? Assim como o meu pensamento nasceu do silêncio, será que todas as outras criações não nasceram também do mesmo silêncio?*

Quando Redondinho finalmente saiu da caverna, a visão que saudou seus olhos era familiar, com inúmeros peixes nadando tranquilamente em seus cardumes. Só que Redondinho tinha começado a perceber não apenas as formas desses peixes mas também as águas transparentes do Oceano. Ele então disse, com um sorriso suave: "Agora consigo vê-lo! Eu estou em você! Você está em mim!" Por fim ele entendeu que a jornada para conhecer o grandioso Oceano não tinha a ver com encontrar um ser divino em sua forma física, mas com descobrir Sua tranquila presença dentro de si mesmo. E a partir desse dia, Redondinho viveu cada momento com profunda gratidão e conexão com o Oceano, sabendo que, mesmo nos momentos mais difíceis e sombrios, a presença e o amor do Oceano sempre estarão com ele.

✽

Não devemos nunca deixar de explorar,
e o fim de toda a nossa exploração será
chegar ao ponto de partida
e vê-lo pela primeira vez.
– T. S. Eliot

✽

Àqueles que ainda estão lendo:
Que você seja abençoado com amor e alegria.
Que esteja cercado de gentileza e paz.
Que seja guiado pelas dádivas em seu caminho.
Que a sua vida seja plena de propósito
e de experiências significativas.

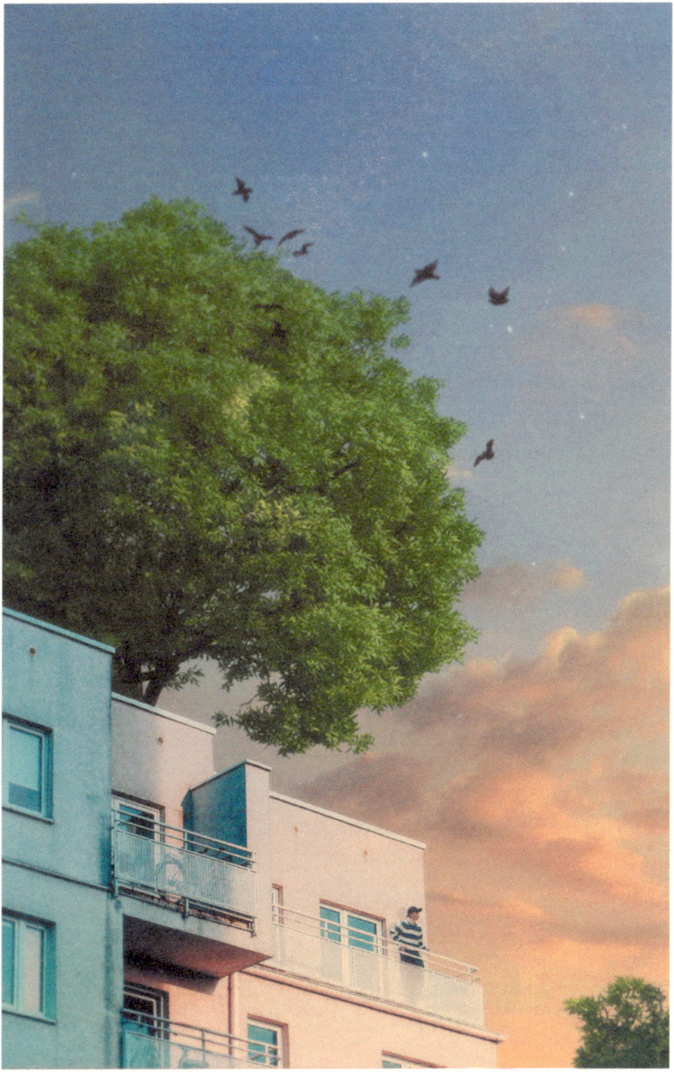

BIBLIOGRAFIA

Barks, Coleman (trad.), *The Essential Rumi* (São Francisco: HarperSanFrancisco, 1995), p. 141.

Chapin, Edwin Hubbell, *Living Words* (Boston: Universalist Publishing, 1866), p. 185.

Dyer, Wayne W., *Wisdom of the Ages* (Londres: Element, 2004).

Dyer, Wayne W., "A Letter to the Next Generation", *Time*, vol. 132, nº 16 (17 de outubro de 1988).

Eliot, T. S., "Little Gidding", *Four Quartets* (Londres: Faber and Faber, 1943), p. 39.

Goethe, Johann Wolfgang von, *Maxims and Reflections*, trad. Elisabeth Stopp (Harmondsworth: Penguin, 1998), p. 5. [Edição brasileira: *Máximas e reflexões* (Rio de Janeiro: Forense, 2003)].

Goldsmith, Oliver, *The Miscellaneous Works of Oliver Goldsmith*, vol. 3 (1801), p. 21.

Harrell Horne, Herman, *The Democratic Philosophy of Education: Companion to Dewey's Democracy and Education* (Nova York e Londres: Macmillan, 1932), p.161.

Hesse, Hermann, *Demian: The Story of Emil Sinclair's Youth*, trad. Michael Roloff e Michael Lebeck (Nova York: Bantam Books, 1970), p. 64. [Edição brasileira: Demian – História da juventude de Emil Sinclair (Rio de Janeiro: Record, 1985)].

Jung, Carl G., *Alchemical Studies*, trad. R. F. C. Hull, ed. Herbert Read et al., *Collected Works of C. G. Jung*, vol. 13 (Princeton: Princeton University Press, 1967), pp. 265–266.

Maslow, Abraham, *The Psychology of Science* (Nova York: Harper & Row, 1966), p. 22.

Montaigne, Michel de, *The Complete Works of Montaigne: Essays, Travel Journal, Letters*, trad. Donald M. Frame (Stanford: Stanford University Press, 1958), p. 178.

Murakami, Haruki, 村上春樹, ランゲルハンス島の午後 (1986).

Niebuhr, Reinhold, "Serenity Prayer" (1943).

Park Wan-suh, *Dubu* (Changbi Publishers, 2002).

Rilke, Rainer Maria, *A Year with Rilke: Daily Readings from the Best of Rainer Maria Rilke*, trad. e ed. Joanna Macy e Anita Barrows (Nova York: HarperOne, 2009), p. 81.

Sarton, May, *Mrs. Stevens Hears the Mermaids Singing* (Nova York: W. W. Norton & Co., 1975), p.183.

Schopenhauer, Arthur, *The Pessimist's Handbook: A Collection of Popular Essays*, trad. T. Bailey Saunders, ed. Hazel E. Barnes (Lincoln: University of Nebraska Press, 1964), p. 677.

Scott, Jess C., *The Other Side of Life* (CreateSpace Independent Publishing Platform, 2011).

시인과촌장, Thorn Tree (가시나무새, 1988).

CONHEÇA OS LIVROS DE HAEMIN SUNIM

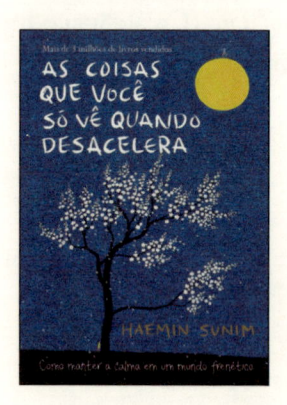

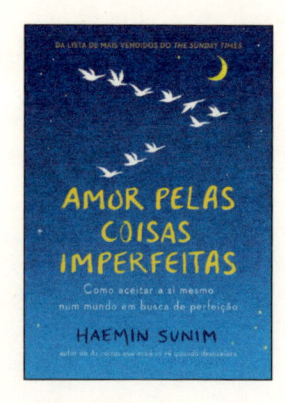

Para saber mais sobre os títulos e autores da Editora Sextante,
visite o nosso site e siga as nossas redes sociais.
Além de informações sobre os próximos lançamentos,
você terá acesso a conteúdos exclusivos
e poderá participar de promoções e sorteios.

sextante.com.br